동명 스님의 선시에서 길 찾기

조용히
솔바람 소리를
듣는 것

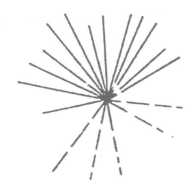

조용히 솔바람 소리를 듣는 것

초판1쇄 인쇄 2021년 9월 13일
초판3쇄 발행 2024년 2월 15일

지은이   동명
발행인   원명
편집인   각운

대표   남배현
본부장   모지희
책임편집   박석동
디자인   kafieldesign

펴낸곳   (주)조계종출판사
주소   서울시 종로구 삼봉로 81 두산위브파빌리온 1308호
전화   02-720-6107
전송   02-733-6708
등록   2007년 4월 27일 (제2007-000078호)
구입문의   불교전문서점 향전(www.jbbook.co.kr) 02-2031-2070~1

ISBN   979-11-5580-165-9 (03220)

조계종
출판사 지혜와 자비의 눈으로 세상을 바라봅니다.

조용히
솔바람 소리를
듣는 것

동명 스님의 선시에서 길 찾기

동명 지음

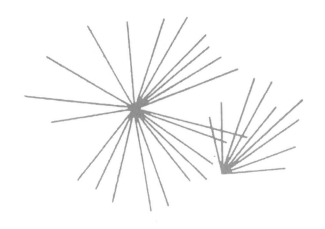

조계종
출판사

머리말

마음은 항상 명료하게 입은 함부로 열지 말라

한가한 바보처럼 살다보면 마침내 도를 얻으리니

수행자의 바랑은 송곳을 감추어 끝을 보이지 않아야

이른바 훌륭한 고수로서 진실한 소식消息 얻으리

心 常 了 了 口 常 嘿

且 作 伴 癡 方 始 得

師 俗 藏 錐 不 露 尖

是 名 好 手 眞 消 息

어떻게 살 것인가?

출가하기 전부터, 어쩌면 태어나자마자 가지게 된 화두話頭이다. 한때
는 동화책에서 길을 찾았고, 한때는 위인전에서 길을 찾았고, 한때는 세
계 명작에서 길을 찾았고, 한때는 스님들의 에세이에서 길을 찾았고, 한

때는 시 속에서 길을 찾았고, 한때는 철학서에서 길을 찾았다.

마침내 부처님 가르침에서 길을 찾는 것으로 결론을 내렸다. 그리고 부처님 가르침을 실천한 선사禪師들의 선시禪詩를 통해 길을 찾고 있다. 그 중에서 위 선시 〈요묵에게〉는 내 삶의 지침과 다름없다.

진각혜심 스님이 제자 요묵에게 이름을 지어주면서 쓴 시다. 이 시는 '요묵'이라는 이름의 의미를 말해줄 뿐만 아니라, '이렇게 살아라' 하는 삶의 지침을 담고 있다. '료了'는 '마치다, 깨닫다, 밝다'라는 뜻이며, '묵嘿'은 '입을 다물다'라는 뜻이다. 글자 그대로 풀어보면, '요묵'은 '마음을 항상 맑고 청정하고 명료하게 유지하며 함부로 말하지 말라'는 뜻이다. 출가하면서 내가 선택한 삶은 '요묵'이라는 이름처럼 사는 것이다.

'정신을 항상 명료하게 유지하되, 아는 것일지라도 함부로 말하지 않는다.'

그 원칙을 바탕으로 바보처럼 우직하게 수행해나가는 것이 내가 갈 길이다.

'수행자의 바랑'은 오늘날 속어로 말하면 '가방끈'이다. 자신의 학식을 함부로 자랑하지 말아야 하듯이, 수행자는 지혜나 지식을 함부로 내보이지 말아야 한다. 송곳 끝을 감추어야 한다는 말은 지혜나 지식을 함부로 휘두르다가는 예리한 무기가 될 수 있음을 경계한 것이다. 그렇게 자신의 지혜나 알음알이를 벗어버리고 우직하게 나아가는 것, 그것이 요묵이란 이름의 스님에게 혜심 스님이 가르친 바이고, 그 가르침이 까마득한 후배인 나에게까지 왔다. 황송한 마음으로 받들 뿐이다.

그럼에도 내 바랑의 송곳 끝은 여전히 날카롭다. 한없이 무딘 것 같다
가도 옆에서 살짝 건들면 송곳 끝은 금세 날카로워진다. 얼마나 더 공부
해야 할까? 참으로 부끄럽다. 하지만 걱정하지는 않는다. 공부할 게 남아
있어 좋다. 공부할 게 남아 있지 않다면 더 이상 공덕을 쌓을 기회도 없다
는 뜻이니, 유익한 일을 할 기회도 적어지는 것이다. 진각국사는 이러한
법문도 하셨다.

보슬보슬 보슬비 천기를 누설하고
불어오는 맑은 바람 조사의 뜻 분명하네
따지거나 여기저기 날뛰지 말고
다만 시절 인연을 기다려라
細 雨 霏 微　天 機 已 洩
淸 風 淡 蕩　祖 意 全 彰
但 觀 時 節　不 要 商 量

참으로 감사하다. 이렇게 멋진 삶의 지침이 다시 있겠는가. 송곳 끝을
감추고 시절 인연을 기다리는 것, 다른 말로 '중도中道'라고 이름한다. 중
도는 가장 적절한 길이다. 나는 중도를 자전거 타기에 비유한다. 네 바퀴
나 세 바퀴가 아닌 두 바퀴 자전거는 서 있을 때는 넘어지게 되지만, 잘

운전하면 다시 말해 중도를 지키면 넘어지지 않는다.

   자전거가 왼쪽으로 넘어지려 하면 핸들을 왼쪽으로 꺾어주고, 오른쪽으로 넘어지려 하면 오른쪽으로 꺾어주면 된다. 초보자들은 왼쪽으로 넘어지려 하면, '나는 왼쪽으로 넘어지지 않을래' 하면서 몸과 핸들을 오른쪽으로 돌리는데 그러면 어김없이 넘어지고 만다. 자전거가 왼쪽으로 넘어지려 하면 그 흐름에 맞추어 핸들을 왼쪽으로 꺾어주고, 오른쪽으로 넘어지려 하면 그 흐름에 맞추어 핸들을 오른쪽으로 꺾어주면 자전거는 넘어지지 않는다. 핵심은 자기주장을 하지 않고 전체적으로는 자신의 의지에 맞게 운행하되 자전거가 굴러가면 그 흐름에 적절하게 맡겨주는 것이다. 그것이 바로 중도이다. 그런데 그처럼 적절한 길에도 머물지 않겠다는 선시가 있다.

   양 끝 어디에도 머물지 않으리니
   중도中道엔들 어찌 안주하랴
   물이면 물, 산이면 산, 마음대로 쥐고 펴면서
   저 물결 위 흰 갈매기의 한가로움 웃는다
   二 邊 俱 不 住
   中 道 亦 何 安
   水 水 山 山 任 舒 卷
   笑 他 波 上 白 鷗 閑

태고보우太古普愚(1301~1382)국사의 〈어디에 머물리요(何住)〉 전문이다. 중도에도 머물지 않겠다는 것은 중도라는 이름에도 집착하지 않겠다는 뜻이다. 내게는 시절 인연을 기다리라는 가르침과 중도라는 이름에도 집착하지 말라는 가르침이 한가지로 들린다.

이번 생애에 반드시 깨치겠다는 굳은 결의가 있어야 한다지만, 나는 그마저 버렸다. 시절 인연을 기다리면서, 빨리 되기를 바라지 않고 될 때까지 끈기 있게 수행하는 것이 내가 선시에서 배운 바다. 이런 자세와 다른 선시도 있을 것이다. 그런 태도가 틀렸다는 것이 아니다. 나는 그저 흰 갈매기의 한가로움을 웃을 수 있을 때까지, 중도라는 이름에도 집착하지 않고 꾸준히 정진하면서, 그저 정진만 하면서 시절 인연을 기다려보겠다.

아니다. 시절 인연도 기다리지 않겠다. 그저 정진하겠다! 정진하겠다는 마음을 나의 출가시 〈겨울나무〉에 담았다.

단순해지면 강해지는구나
꽃도 버리고 이파리도 버리고 열매도 버리고
밥도 먹지 않고
물도 마시지 않고
벌거숭이로
꽃눈과 잎눈을 꼭 다물면
바람이 날씬한 가지 사이를

그냥 지나가는구나

눈이 이불이어서

남은 바람도 막아주는구나

머리는 땅에 처박고

다리는 하늘로 치켜들고

동상에 걸린 채로

햇살을 고드름으로 만드는

저 확고부동하고 단순한 명상의 자세 앞에

겨울도 마침내 주눅이 들어

겨울도 마침내 희망이구나

차 례

그대는

푸른 바다로

나는

산으로 돌아가리

어디에 머물리요

何 住

양 끝 어디에도 머물지 않으리니
중도中道엔들 어찌 안주하랴
물이면 물, 산이면 산, 마음대로 쥐고 펴면서
저 물결 위 흰 갈매기의 한가로움 웃는다

二 邊 俱 不 住
中 道 亦 何 安
水 水 山 山 任 舒 卷
笑 他 波 上 白 鷗 閑

—태고보우 太古普愚 (1301~1382)

태고보우국사가 6년 이상 사셨던 북한산 중흥사에서 기거한 적이 있다. 중앙승가대 학인 시절부터 중흥사에 기도하러 다녔고, 졸업한 이후 6년을 중흥사에서 살았다. 중흥사에서 소임을 사는 동안 승가대를 졸업하고 대학원에도 다녔으니, 무척 바빴다. 태고보우국사 시절에는 꿈도 꾸지 못할 일을 한 셈이다. 그렇게 바쁘다고 느낄 때마다 이 시를 읽었다.

내게는 할 일이 많고, 나로서는 그 일이 매우 중요하다. 부처님 가르침을 널리 펼치는 일을 소홀히 할 수 없고, 불보살님께 예배하고 기도하는 일도 소홀히 할 수 없고, 마음을 고요히 하고 지혜를 닦는 일도 소홀히 할 수 없다. 부처님의 진실한 뜻을 학문적으로 탐구하는 일도 게을리할 수 없고. 부처님의 가르침을 전하기 위해 세운 도량을 관리하는 일도 소홀히 할 수 없다. 이 일들을 모두 충실하게 수행하자니 바쁘지 않을 수가 없다.

태고보우국사의 이 시는 마음이 바쁜 나의 삶을 돌아보게 하는 훌륭한 지침이다. 돌이켜보니 나 또한 극단을 은근히 좋아했다. 출가 전 친구들과 놀다보면 밤을 새우는 것을 좋아했고, 밤새워 글쓰는 것을 좋아했으며, 밤새워 쓴 글이라야 만족스러웠다.

출가하고 나서도 큰 행사를 앞두고, 중요한 일을 앞두고 여전히 마음이 바빠질 때가 많다. 할 일이 많아져 마음이 바빠지면 이 시를 떠올린다. 결국 내가 가야 할 길은 부처님의 가르침대로 중도이며, 중도란 가장 적절한 선택이다. 쾌락도 고행도 아닌 중도의 입장에 서려면 마음이 들뜨지도 않고 지나치게 가라앉지도 않는 차분한 상태여야 한다. 그러므로 중도에

굳건히 머물러야 할 것 같은데, 태고보우국사는 중도에도 안주하지 않겠다고 한다.

중도에도 안주하지 않겠다는 것은 무엇인가? 가장 적절한 실천을 하지 않겠다는 것은 분명 아니다. 가장 적절한 실천은, 가장 적절하게 실천하겠다고 굳건하게 다짐한다고 되는 것이 아니라, 어떤 것에도 안주하지 않을 때 가능하다는 뜻이 아닐까? 실로 그렇다. 중도를 모르는 것이 아닌데, 중도를 늘 되새기곤 하는데, 내 마음이 조급하고 바쁘거나 게을러지는 이유는 중도가 아닌 것에는 물론이고 중도에도 집착하거나 안주하는 마음이 있기 때문이리라.

유유히 날아가는 저 갈매기의 한가로움을 비웃을 정도가 되려면, 위대한 진리인 중도에도 얽매이지 않아야 할 것이다. 중도에 얽매인다면 중도도 중도가 아닐 것이다. 중도, 중도라고 하지만, 우리가 생각하는 중도라는 것도 중도라는 이름일 뿐이므로, 아무리 좋은 것일지라도 거기에 집착하는 마음이 있다면 중도가 아니라고 태고보우국사는 시를 통해 말씀하시는 것이다. 오늘은 그저 날아가는 갈매기보다 한가한 선사의 여유를 마음속으로 그려볼 뿐이다.

그림자와 마주하다

對 影

연못가에 나 홀로 앉았다가
우연히 못 속 한 스님과 만났네
묵묵히 웃으며 서로 바라보기만 하노라
그대 말 걸어도 대응하지 않을 것이기에

池 邊 獨 自 坐
池 底 偶 逢 僧
默 默 笑 相 視
知 君 語 不 應

—진각혜심 眞覺慧諶 (1178~1234)

얼마 전 동갑내기 스님을 만났다. 스님이 내게 물었다.

"세납이 어떻게 되십니까?"

나는 그분의 나이를 이미 알고 있던 터였다.

"스님하고 같습니다."

그 스님은 놀라며 말했다.

"저보다 더 되신 줄 알았습니다."

그 스님이야말로 실제 나이보다 더 들어 보인다고 생각했는데, 오히려 그렇게 말씀하시는 것이었다.

남자들은 오십대 이상이 되면 자기 얼굴을 자세히 보지 않는 것 같다. 거울을 봐도 건성이다. 예상보다 늙어버린 자신의 모습을 보고 싶지 않아서일지 모른다. 아무튼 오십대 이상의 남자들은 대체로 자신의 얼굴을 10년 전쯤의 모습으로 생각한다. 그러다보니 그들이 동갑내기를 만나면, 상대방이 자기보다 더 늙어 보이게 마련이다.

팔정도八正道의 첫 덕목은 정견正見이다. 무엇을 바로 보아야 할까? 먼저 자기 자신과 세상을 바로 보아야 한다고 생각한다. 자기 자신을 바로 보면 세상도 바르게 보일 것이다.

그렇다면 자기 자신을 어떻게 보아야 바로 보는 것인가? 더도 말고 덜도 말고 있는 그대로 보아야 한다.

예나 지금이나 자신을 바로 보는 것은 대단히 중요했던 듯하다. 시인들의 시 속에서 자기 자신과 대면하는 세 가지 태도를 만나본다. 한 사람은

13세기에 연못 속에 비친 자신을 만났고, 또 한 사람은 19세기에 자신의 내면에 비친 스스로를 만났고, 또 한 사람은 20세기에 우물에 비친 자신을 만났다. 먼저 20세기 시인 윤동주尹東柱(1917~1945)가 우물에 비친 자신의 모습을 보는 장면을 들여다보자.

산모퉁이를 돌아 논가 외딴 우물을 홀로 찾아가선
가만히 들여다봅니다.

우물 속에는 달이 밝고 구름이 흐르고 하늘이
펼치고 파아란 바람이 불고 가을이 있습니다.

그리고 한 사나이가 있습니다.
어쩐지 그 사나이가 미워져 돌아갑니다.

돌아가다 생각하니 그 사나이가 가엾어집니다.
도로 가 들여다보니 사나이는 그대로 있습니다.

다시 그 사나이가 미워져 돌아갑니다.
돌아가다 생각하니 그 사나이가 그리워집니다.
우물 속에는 달이 밝고 구름이 흐르고 하늘이

펼치고 파아란 바람이 불고 가을이 있고 추억처럼

사나이가 있습니다.

—윤동주 〈자화상〉

시인은 홀로 외딴곳 우물을 찾아가 들여다본다. 우물에 한 사나이가 비친다. 바로 자신이다. 그 사나이가 미워져 그냥 돌아선다. 가엾어져 다시 가서 우물을 들여다보니 여전히 사나이는 그곳에 있다. 또다시 사나이가 미워져 돌아가다 생각하니 이번에는 그 사나이가 그리워진다. 식민지 시대에 힘껏 저항하지도 못하고 그렇다고 굴종하고 싶지도 않은 자신의 마음을 그린 시이다. 그리고 자기혐오와 자기 연민이 교차하는 현대인의 내면을 비유적으로 그린 시다.

대부분의 사람은 이 시처럼 자기 자신을 본다. 능력도 없고 못나기도 한 자신을 미워하기도 하지만, 그래도 누구보다도 자기 자신을 애착하기도 하며, 부족한 자신을 불쌍해하기도 한다. 이렇게 항상 번뇌에 휩싸여서 살아가게 마련이다.

약 700여 년 전의 선승 진각혜심은 연못 속에 비친 자신의 그림자를 발견한다. 그는 연못 속에 비친 자신을 마치 우연히 만난 제3자인 것처럼 말한다. 혜심은 그림자와 마주 보며 말없이 미소만 짓는다. 어차피 말 걸어봐야 대응하지 않을 것을 알기에. 화자는 물속에 비친 자신의 모습을 그저 바라볼 뿐 거기에 대해 아무 감정이 없다. 심지어 자신의 모습이라는 생각조차 없다. 이런 태도에 어찌 번뇌가 스며들 틈이 있겠는가.

자신의 그림자를 보고 아무 말도 하지 않은 진각국사에 반해, 19세기 시인 월트 휘트먼(Walt Whitman, 1819~1892)은 자신의 그림자와 줄기차게 대화한다.

나는 나를 예찬하고 나 자신을 노래하노니
내 믿는 바를 그대 또한 믿게 되리
내게 속하는 모든 원자는 그대에게도 속하기 때문이라

—월트 휘트먼 〈나 자신의 노래(Song of Myself) 1〉에서

이 시는 자기 자신을 대상화하면서도 "내게 속하는 모든 원자는 그대에게도" 속한다고 말한다. 그대는 곧 대상화한 자신이다. 대상화된 자기와 그 대상을 상대하는 '나'를 휘트먼은 철저하게 동일시한다. 그리하여 내가 가꾸어나가야 할 그대, 곧 대상화한 자신을 위대한 존재로 만들어나가겠다는 굳은 결의를 다진다.

실로 윤동주와 휘트먼이 모더니즘의 자아의식을 보여준다면, 그들보다 훨씬 오래전에 세상을 다녀간 진각혜심의 자아에 대한 생각은 오히려 포스트모던하다.

우리는 안다. 나 자신과 그림자가 따로 있는 것이 아니라, 나 자신조차 실체 없는 그림자임을. 실체 없는 내가 실체 없는 그림자에게 넌지시 말 걸어봐야, 실체 없는 나에게 실체 없는 그림자가 무슨 대답을 할 것인가? 선시는 조용히 무아無我를 노래한다. 자기 자신에게 집착하지 말아라, 내 것이라고 움켜쥐지 말아라! 자아에 집착하지 말라는 가르침을 이토록 무심하게 읊을 수 있단 말인가. 《금강경金剛經》제32분에서 말하는 "가르치지 않는 듯한 자상한 가르침"이 바로 이것이요, 저절로 소름이 돋는 고요한 감동이다.

무아 사상을 근거에 두었다 해도, 늙어가는 내 그림자가 달갑지 않다. 그렇다고 달갑지 않다 해서 그림자를 들여다보는 것을 회피한다면 자신에 대한 직무 유기다. 그림자는 내가 아니라 단지 그림자에 불과하지만, 실체 없는 내가 그 그림자로 인해 세상에 태어나고 주어진 역할을 하며 살아간다. 거울에 비친 그림자, 혹은 내가 나라고 생각하는 나 자신과 대화하면서 '나 자신의 현상'이 어떤지 바르게 바라볼 일이다.

화개동

花 開 洞

화개동花開洞에서 오히려 꽃이 지고
청학靑鶴 둥지에 학이 돌아오지 않네
잘 가거라 홍류교 아래 붉게 흐르는 물아
그대는 푸른 바다로 나는 산으로 돌아가리

花 開 洞 裏 花 猶 落
靑 鶴 巢 邊 鶴 不 還
珍 重 紅 流 橋 下 水
汝 歸 滄 海 我 歸 山

—청허휴정 淸虛休靜 (1520~1604)

남부터미널에서 고령행 시외버스를 탔다. 최소한의 물품만 챙겨서 출가하는 길, 발걸음이 가벼워 날아갈 것 같았다. 법정 스님의 열반으로 사회에서는 추모의 물결이 한창이었다. 아침에 이진명 시인에게 전화가 왔다.

"법정 스님 다비식에 함께 가실래요?"

이진명 시인은 잘 알고 지내는 불자 문인이다.

"저는 출가하기 위해 해인사로 갑니다."

그 다음에 이진명 시인이 뭐라고 말했는지 자세히 생각나지 않지만, 당신의 출가 경험을 말씀하셨던 것 같다. 당신도 젊은 시절 출가한 적이 있었노라고. 이진명 시인과 내가 참 인연이 깊은가보다. 몇몇 지인에게 마지막 전화를 할 생각이었지만, 거기에 이진명 시인은 없었다 . 그런데 먼저 내게 전화를 걸어온 것이다. 게다가 출가 후 인도 여행을 갈 때 함께 가게 된다.

박범신 선생에게 엽서가 왔다.

"내가 오래전부터 꿈꾸던 세계를 당신이 먼저 가오!"

그래, 출가는 많은 문인들이 꿈꾸는 세계일지 모른다. 장철문 시인은 부부가 함께 미얀마에서 단기출가한 후 약 1년간 수행한 적도 있다. 그러나 기독교인인 김병익 선생님은 내가 출가한다는 것이 믿기지 않은 듯, "머리 빡빡 깎고 스님이 된다는 것인가요?"라며 재차 물었다.

존경하는 선생님들로부터 친구들까지 전화기에 번호가 있는 경우 전화를 했다. 홍류동 계곡을 오르락내리락 하면서, 갑자기 연락이 되지 않는다고 걱정할 것 같은 지인들을 중심으로 통화했다. 그때 나의 마음이 '잘 가거라, 홍류동 계곡물아! 그대는 푸른 바다로, 나는 산으로 돌아가리!', 바로 그것이었다.

'산으로 돌아가리!'라고 하고보니, 그 말이 딱 맞다. 내 고향이 산골이었으니, 산으로 돌아가는 셈이다. 깨끗하게 목욕하고 입산하는 것이 좋겠다는 생각으로 목욕탕에 들어갔다. 목욕탕에서 두 스님이 서로 머리를 삭발해주고 계셨다. 그 모습이 신기하기도 하고 재미있기도 했다. 그때 요즘 스님들은 1회용 면도기로 삭발한다는 것을 알았다. 스님들을 바라보며 머리를 깎은 내 머리를 상상해보았다. 부처님께서는 《숫따니빠따》에서 이렇게 말씀하셨다.

집에서 사는 생활은 비좁고 번거로우며 먼지가 쌓이지만
출가는 널찍한 들판이어서 번거로움이 없다

그래, 나는 이제 출가의 널찍한 들판으로 들어가는 거야! 서산대사의 출가시를 읽으며, 해인사로 들어가던 시절을 생각해본다. 나는 청소년 시절부터 출가 생활을 동경했었다. 스님들의 에세이를 읽으며 이렇게 사는 것도 괜찮겠다 싶었다. 한편으로는 그만큼 세속에 대한 미련을 버릴 수도 없었다. 그렇게 인연 따라 흘러가다보니 세월이 지나서야 길을 떠났다.

그런 나를 승가는 담담하게 받아주었다. 그리고 나는 여기까지 왔다. 중앙승가대학교의 학인스님들을 관리하는 수행관장을 맡고 있다.

솔직히 말해 나의 출가는 찬란하지도 않고 화려하지도 않았다. 찬란하거나 화려할 필요가 없었다. 서산대사의 출가시에서 붉은색은 화려하고 아름답지만 번거로운 세속을 상징하고, 푸른색은 소박하고 단순하지만 광활하고 거침없는 출가 세계를 상징한다. 나는 붉은색을 버리고 푸른색을 선택했다. 그러나 가끔 화려한 조명이 비칠 때가 있다. 그때는 망설일 이유가 하나도 없다.

"출가는 널찍한 들판이어서 번거로움이 없다. 번거로움이 없어야 한다."

남부터미널에서 시외버스를 타고 고령으로, 고령에서 해인사행 버스를 타고 가던 그때 그 마음, 무無자 화두를 들고 있는 지금 내 마음과 한가지다.

모기

蚊 子

제 힘이 원래 약한 줄도 모르고
피를 너무 많이 빨아 날지 못하네
부디 남의 소중한 것 탐하지 말라
나중에 반드시 돌려주어야 하리니

不 知 氣 力 元 來 少
喫 血 多 多 不 自 飛
勤 汝 莫 貪 他 重 物
它 年 必 有 劫 還 時

—나옹혜근 懶翁惠勤 (1320~1376)

우리는 온전히 남의 것을 먹고 산다. 고기를 먹는다면 남의 살을 먹는 것이며, 곡물을 먹는다면 남의 씨앗을 먹는 것이며, 과일을 먹는다면 나무가 저장해놓은 양식을 먹어버리는 것이며, 채소를 먹는다면 식물들의 광합성 작용을 위한 생존의 몸부림을 먹는 것이다.

그렇게 살면서 그들을 생각해본 적 있던가? 나옹선사의 시를 읽으며, 새삼스레 오늘 내가 먹은 것이 어디서 왔는지 돌아본다. 책상에 앉아 컴퓨터 화면을 보고 있노라니 눈이 침침하고 졸립다. 오늘도 너무 많이 먹었나보다. 참 이거, 너무 많이 먹어서 날지 못하는 모기하고, 너무 많이 먹어서 공부하기 힘든 나하고 뭐가 다른가?

모기도 피를 너무 많이 빨아먹으면 몸이 무거워져 잘 날지 못한다고 한다. 나는 그런 모기를 본 적이 없다. 모기는 모두 내 피를 빨아먹는 날렵한 날짐승으로만 보였다. 역시 대선사에게는 모기가 피를 너무 많이 빨아먹어 날지 못하는 것이 보였는가보다. 모기가 몸이 무거워질 때까지 자신의 피를 빨아먹도록 가만히 내버려두신 것이 아닐까? 대선사와 이렇게 다르단 말인가.

선사는 모기가 자신의 피를 빨아먹든 말든 내버려두었을 것이다. 모기는 선사의 피를 무던히도 빨아먹었다. 아마도 선사는 그런 모기의 처지가 참으로 불쌍했을 것이다.

나옹선사 하면 "청산은 나를 보고 말없이 살라 하고 / 창공은 나를 보고 티 없이 살라 하네"라는 시의 이미지가 크다. 하지만 내게는 평산처럼

平山處林(1279~1361) 선사와 나눈 선문답이 더 큰 이미지로 남아 있다.

　　나옹선사가 원나라의 평산처림선사를 뵈러 갔다.

　　"스님은 어디서 오시오?"

　　"대도大都에서 왔습니다."

　　"거기서 누구를 만났소?"

　　"인도 사람 지공 스님을 뵈었더이다."

　　"지공 스님은 날마다 무슨 일을 합니까?"

　　"매일같이 천 개의 검을 씁니다."

　　"지공의 천 검千劍은 놓아두고, 그대의 일 검一劍을 가져와보시오."

　　나옹선사가 느닷없이 좌복으로 평산선사를 후려치니,

　　평산선사가 선상에 거꾸러지면서 크게 외쳤다.

　　"이 도적놈이 나를 죽이는구나."

　　나옹선사가 곧장 붙들어 일으켜주며 말했다.

　　"저의 검은 사람을 죽이기도 하지만 살리기도 합니다."

　　평산선사가 크게 웃고는 곧 스님의 손을 잡고 방장실로 가서 차를 권했다.

　　이 선문답을 보고 큰 충격을 받았다. 정말 대단하다. 처음 만나는 사람에게, 그것도 큰스승으로 추앙받고 있는 분에게 이런 과감한 행동을 할 수 있단 말인가? 이렇게 과감하고 호쾌한 나옹선사가 한편으로는 모기의 행동을 연민으로 관찰할 만큼 섬세하고 자상하다. 모기를 관찰한 선사는 이내 '인과의 법칙'을 얘기한다. 남의 것을 지나치게 욕심낸 결과는 결코 행복할 수 없으며, 결국에는 남의 것을 취한 만큼 돌려주어야 한다. 시詩라고 하기에는 너무 교훈적이지만, 나는 이런 시가 좋다. 선시는 미학적인 성취를 위한 것이 아니다. 드높은 차원만을 얘기하는 것도 아니다. 부처님의 가르침이 우리 모두가 행복해지기 위해 꼭 필요한 실천덕목이듯이, 선사들의 선시도 상식常識을 크게 벗어나지 않으며, 예술성에도 집착하지 않는다.

상식을 벗어나지 않는 것에 도道가 있다. 이를 마조도일馬祖道一(709~788) 선사는 "평상심이 곧 도다(平常心是道)"라고 했으며, 현대의 소설가 박상륭은 '평심平心'이라 간단히 표현했다. 도를 멀리서만 찾지 말고, 잘 먹고 잘 싸는 것으로부터 출발해보자.

우리가 먹는 것이 모두가 남의 것이라면, 우리는 남의 것을 먹고 살아야만 한다. 이를 자각하고 너무 많이 먹지 말 일이다. 그렇다면 우리는 모기보다는 조금 더 현명해지는 것이다. 모기보다는 더 현명해지는 것, 그것이 바로 평상심이고 평심이라면, 너무 쉬운가? 그래, 쉬운 것부터 시작해보자.

우연히 쓰다

偶·書

세상 사람 하루 종일 다투어 바쁘구나
개미나 불나방은 견줄 수도 없어라
앉아서 어찌 배 밑바닥 새는 것을 알리
길이 먼데도 나무 그늘 시원함에 빠진 것과 같구나
팽조彭祖든 상자殤子든 달리 마친 이 누가 있으랴
안회와 도척이 비록 다르다 하나 필경 죽기는 마찬가지
어찌 종산鍾山의 일이 없던 그 사람과 같아짐만 하겠는가
하여 나는 이슬 속에 잠들리라, 소나 양에게 밟힐지라도

世人終日競犇忙　羶蟻燈蛾莫可方
坐穩那知船底漏　途長猶愛樹陰凉
彭殤縱異終誰在　顏跖雖殊竟等亡
爭似鍾山無事漢　露眠不管踐牛羊

—원감충지 圓鑑沖止 (1226~1293)

인도 배낭여행 중 기차역에서 잠을 잔 적이 있다. 인도에서 배낭여행 하려면 노숙은 기본이다. 깜깜한 새벽에 도착했다면 기차역에서 날이 밝기를 기다리는 경우도 있고, 기차가 연착에 연착을 거듭하다보면 바닥에 아예 눕는 경우가 생기는 것이다. 짐을 깔고 누워서도 눈을 감고 잠들기는 힘들다. 언제 내 물건을 훔쳐가버릴지 모르기 때문이다.

실제로 마음 놓고 자다가 물건을 잃어버린 적이 있다. 2등칸 침대차 3층에 누워서 가이드북을 보다가 잠들었는데, 아침에 일어나보니 책이 없어졌다. 그 이후로는 기차에서 잠을 자거나 역에서 잠을 잘 때 짐을 잘 단속하거나 아예 잠자는 것을 포기하기도 했다.

이런 모습을 보면 옛 선승들은 뭐라고 할까? "나는 이슬 속에 잠들리라, 소나 양에게 밟힐지라도." 원감충지 스님의 이 시를 읽고 나는 깜짝 놀랐다. 참으로 옛 선사들의 기개는 넘쳤다.

시에서처럼 사람들은 바쁘다. 고려 시대 사람들은 요즘 사람들에 비하면 상대도 되지 않을 정도로 한가했을 텐데, 원감국사가 지금 우리를 보고는 어떻게 말씀하실지? 불을 향해 뛰어들거나 꿀단지에 뛰어드는 나방이나 개미 따위와 현대인들의 분주함을 어찌 비교할 수 있겠는가. 마치 타이타닉 호에 탄 사람들이 쾌락에 취해 배 밑바닥에 물이 새는 것을 몰랐던 것이나, 갈 길이 먼 나그네가 그늘이 좋아 일어설 줄 모르는 것과 같다. 바쁘게 살다보니 우리가 지금 꿀단지가 아니라 지옥으로 파고들고 있음을 모르고 있다는 뜻이다.

송나라의 선승 혜홍각범慧洪覺範(1071~1128)은 이렇게 노래했다. 도인이라면 필경 이 정도 기개는 있어야 할 일이다.

소나 양에게 밟힐지라도 이슬 속에 잠드니
나는 종산의 일없는 중이로다
露 眠 不 管 踐 牛 羊
我 是 爭 鍾 山 無 事 僧

어떻게 살 것인가? 선시는 예술 작품이기도 하지만, 또 한편 어떻게 살아야 하는지 함축적으로 알려주는 사구게四句偈이기도 하다. 팽조彭祖는 800년을 살았다는 장수한 사람의 대명사이고, 상자殤子는 요절한 사람의 대명사이다. 안회는 공자의 제자로서 최고의 모범생이고, 도척은 공자도 교화하지 못한 천하의 몹쓸 도둑이다. 어쨌든 이들은 원감국사의 롤모델(role model)이 아니다. 원감국사의 본보기가 되려면 소나 양에게 밟히는 것을 두려워하지 않고 이슬 속에서 잠들 수 있는 기개가 있어야 한다.

어떻게 살 것인가? '소나 양에게 밟힐지라도 이슬 속에서 잠들 수 있는' 기개를 갖는 것! 그래, 용기를 내보자!

공림사에서 묵다

宿 空 林 寺

흰 눈 위에 달빛은 한밤중인데
고향 그리는 마음 만 리를 가네
맑고 차가운 바람 뼈를 뚫을수록
나그네 홀로 깊은 시정詩情에 젖네

雪 月 三 更 夜

關 山 萬 里 心

淸 風 寒 徹 骨

遊 客 獨 沈 吟

——부휴선수 浮休善修 (1543~1615)

출가자에게 고향은 무엇인가? 출가자는 '정든' '집'을 나와 '자유로운' '집 없는 곳'으로 떠난 사람이다. 고향이란 태어나고 자란 곳을 말할진대, 곧 '정든 집'의 다른 표현일 터, 그럼에도 출가자에게 고향이 있는가?

아, 그런데 수행자의 귀감인 부휴선사는 고향을 그리워하고 있다. 흰 눈 위에서 달빛마저 고요히 쉬고 있건만, 부휴선사의 마음은 고향 찾아 만 리를 떠나느라 분주하다. 이 무슨 변괴란 말인가? 우리들의 선배이자 스승이 안타깝게도 우리들의 귀감이 아니란 말인가?

그러나 다시 생각해보자. 예술이든 문학이든 수행이든 솔직함으로부터 출발해야 한다. 솔직하지 않고서는 그 누구도 명작을 만들 수 없고 깨달음을 얻을 수 없다. 부휴선사도 수행자가 그리움에 매몰되는 것이 옳지 않다는 것은 이미 알고 있을 터, 그럼에도 그는 자신이 그리움에 젖었음을 솔직하게 시로 표현했다.

이 시는 수행자도 목석이 아님을 말해준다. 수행자도 고향을 그릴 수 있고, 시정에 젖을 수도 있음을 보여준다. 다만 그 그리움에, 그 시정에 집착하지 않으면 되지 않을까? 그리움을 노래함으로써 집착도 사라질 수 있다면 그리움을 얼마든지 노래할 수도 있지 않을까?

석가모니 부처님은 깨달음을 얻은 직후 곧바로 고향에 가신 것이 아니라 2년 후에야 가셨다. 당신의 깨달음이 큰 교단을 형성할 만큼 그 유용함이 역사적으로 증명된 이후에야 고향을 방문하신 것이다.

그만큼 고향은 부처님에게도 선승에게도 어려운 곳이다. 고향을 어떻게 할 것인가? 그래, 그립다면 그리워하되, 집착하지는 말자.

노래는 자유로워야 한다. 고향이 그립다면 선승도 고향이 그립다고 노래해야 한다. 고향이 그리워도 선사의 체면 때문에 고향을 그리워하지 못하는 선승은 장담컨대, 결코 깨닫지 못할 것이다.

다만 수행이 물씬 무르익을 때까지 고향 방문을 미루는 것은 괜찮을 듯하다. 수행이 무르익었을 때 비로소 고향을 찾으리라, 이런 원력을 세우는 것이 수행의 깊이를 확보하기 위한 좋은 방편일 수도 있겠다. 흰 눈 위에 눈이 부시게 달빛이 밝을 때는 그리운 고향을 그리워하자! 부휴선사를 따라 다만 그리워만 하자, 수행이 무르익을 때까지!

몇 년 전 조태일문학상을 추진하고 있는 한국작가회의 광주전남지회에서 연락이 왔다. 조태일문학상 운영위원을 맡아달라는 것이었다. 출가자로서 세속의 일에 관여하는 것이 옳지 않을 수 있으나, 조태일 시인의 고향인 곡성 출신의 시인이 많지 않은데다, 또 조태일 시인이 태안사에서 태어나셨으니, 흔쾌히 받아들였다.

출가 후에 한 번도 가지 않았지만, 조태일문학상에 관여하면서도 곡성 태안사 앞 조태일문학관에서 진행되는 시상식에 한 번도 가지 않았지만, 나의 마음은 여전히 고향을 가고 있다. 아직 멀었다, 고향으로부터 자유로워질 날은.

고산혜원杲山慧元(1933~2021)대종사께서 입적하셨다. 고산 스님의 임종게이다.

봄이 오니 만물은 살아 약동하는데

가을이 오면 거두어 들여 다음 시기를 기다리네

나의 일생은 허깨비 일과 같아서

오늘 아침에 거두어 들여 옛 고향으로 돌아가도다

고산 스님의 임종게에서도 보이듯, 고향은 고향이 아니다. 고향은 내가 태어난 곳이라기보다는 나의 근원이다. 그 근원을 향해 우리는 하루하루 목숨을 소비하면서 다가가고 있는 것이다. 그러니 우리는 고향이 그리우니 어쩌니 하면서 시간 낭비하지 말고 그저 꾸준히 정진할 일이다. 고향이 고향이 아닐 때가 올 것이다. 아닐지도 모른다. 부처님처럼 모든 정情으로부터 자유로운 분도 고향에 남다른 마음이 있었음이 여러 경에 보이는 것으로 보아 고향이 고향이 아닐 일은 없을지도 모른다. 그래, 이렇게 바꾸어보자. "고향이 고향이 아니었다가, 고향이 고향일 때까지 정진하자."

三
七

산에 노닐다

遊 山

지리산에서 동쪽 태백산에 뜬 달을 보고
금강산에서 서쪽 묘향산에 낀 구름을 보라
명산名山을 두루 밟고 마음의 눈을 넓힌다면
천하가 작다고 말해도 사뭇 괜찮으리라

智 異 東 瞻 大 白 月
金 剛 西 望 妙 香 雲
名 山 遍 踏 寬 心 目
天 下 小 言 庶 可 云

—침굉현변 枕肱懸辯 (1616~1684)

현대인에게 산은 이른바 레포츠(leports)의 대상으로, 현대인이 산을 만나는 대표적인 방법은 등산登山이다. 옛 선승은 등산이란 말 대신에 유산遊山이란 말을 썼다. 부처님께서 한 처소에 머물지 않고, 여러 지역을 두루 다니시는 것을 유행遊行(paribbājana)이라 했듯이, 선승에게 산은 유행하는 대상이었던 것이다.

산속에 살다보니 선승들이 말하는 유산遊山의 의미를 알 것도 같다. 산을 이리저리 돌아보고 감상하지만, 도심에서 살면서 일주일에 한 번씩 등산할 때와는 그 태도가 다를 수밖에 없다. 산은 놀러오는 장소가 아니라 나의 삶의 공간이고 나의 친구이고 스승이다. 산에서 살고 있으니 당연히 삶의 공간이며, 산과 함께 있으면 외롭지도 않고 불편하지도 않으니 친구이며, 또 내게 수많은 지혜를 제공해주는 스승이기도 하다.

습기가 많은 곳의 나무에는 이끼가 낀다. 이끼가 나무의 생명을 갉아먹는 것처럼 보이지만, 그렇지 않다. 나무는 이끼에게 삶의 터전을 마련해주고, 이끼는 그에 대한 대가로 나무를 바깥의 위험으로부터 보호해주고 많은 물기를 저장함으로써 나무에게 필요한 수분이 마르지 않도록 해주는 것이다. 산에서 사는 이들은 이렇게 서로 공생관계이다. 과일나무는 동물들에게 먹을 것을 주고, 동물들은 씨앗을 다른 곳에 버려줌으로써 번식을 도와준다. 산의 생태계가 주는 지혜는 참으로 많다.

한때 나에게 참으로 좋은 친구였던 나무가 죽었다. 그 나무는 바로 북한산 중성문 아래쪽 계곡에 살고 있었다. 계곡의 이쪽에서 저쪽으로 넘어진 채 나무는 죽은 것 같지만, 시퍼런 나뭇잎이 그 나무가 살아 있음을 말해주었다. 나는 산을 오르내릴 때 안부를 물었다.

"잘 지내고 계십니까?"

계곡물 소리가 대답을 대신했다.

"보시다시피 아직 잘 살아 있어요."

2018년 10월 1일 가을답지 않게 많은 비가 내렸다. 물이 빠진 후에 보니 그 나무는 없었다. 뿌리만 남겨놓고 나무는 바다로 갔으리라. 그렇게 나의 친구는 반열반했다.

산에 살면서 나도 유산遊山의 의미를 알아가고 있다. 진국교 앞에는 아름드리 귀룽나무가 있고, 다리를 건너면 불두화가 있어서 나를 저절로 합장하게 만들며, 원두막인 우산각 옆 작은 다리를 건너면 왼쪽에서 죽단화가 푸른 줄기로 나를 반긴다. 오른쪽에는 자목련과 백목련이 꽃을 떨구고 있다.

침굉선사의 유산遊山은 실로 나로서는 범접하지 못할 경지다. 침굉선사에게 유산은 지리산에서 멀리 동쪽 태백산의 달을 보는 경지이자, 금강산에서 멀리 서쪽 묘향산의 구름을 보는 경지이다. 풀어서 말하면, 명산을 두루 밟고 마음의 눈을 넓히는 것이 유산遊山이다. 이쯤 되면 유산遊山은 '산에서 노니는 것'이 아니라 '산을 유람하는 것'을 넘어서서 '산[세상]을 통찰하는 것'이자, "천하가 작다고 말해도" 괜찮을 정도로 천하를 손바닥처럼 알게 되는 경지다.

퇴계退溪 이황李滉(1501~1570)은 〈독서는 유산과 같다(讀書如遊山)〉라는 시에서 이렇게 노래했다.

사람들은 독서가 유산遊山과 비슷하다 하는데
지금 보니 유산遊山이 독서와 비슷하다
讀 書 人 說 遊 山 似
今 見 遊 山 似 讀 書

이 시는 독서와 유산遊山의 태도가 어떠해야 하는지 말해준다. 퇴계는 책을 읽을 때나 산을 오를 때나 공력을 다한 다음에는 스스로 내려와야 하고, 얕고 깊은 곳을 찬찬히 살펴보아야 한다고 말한다.

우리 시대의 선승은 침굉선사의 유산遊山을 배워야 하리. 백두산에서 에베레스트의 해를 보고, 한라산에서 알프스의 별을 보아야 하리. 아니, 산속에서 저잣거리의 배고픔을 보고, 저잣거리에서 깊은 산속의 적막을 보아야 하리.

일본으로 가는 정대장을 전송하며

送 政 大 將 往 日 本

깊은 암자에서 홀로 늙고 병들어가노매
옛 친구 멀리 떠난다니 생각하면 만날 기약 아득해라
밤 골짜기에서 원숭이 울 제 시름이 일고
구름 산에 해가 질 때면 창자가 끊어지노라
무성한 꿈길에서야 돌아오기 참 쉽겠지요만
외로운 돛 달고 망망 바다 가기 어찌 쉬우리
서로 생각하는 마음 알리고자 하는 뜻은
부디 어서 돌아와 한바탕 회포 풀고 싶음이어라

獨 在 幽 巖 老 病 隨　　故 人 遙 憶 杳 難 期
愁 生 夜 壑 猿 啼 處　　腸 斷 雲 山 日 暮 時
繁 夢 路 脩 歸 極 易　　孤 帆 海 濶 去 應 遲
殷 勤 爲 報 相 思 意　　須 早 回 來 望 解 頤

—정관일선 靜觀一禪 (1533~1608)

진정한 친구란 무엇인가? '친구' 하면 나는 압바스 키아로스타미 감독의 영화 〈내 친구의 집은 어디인가〉가 생각난다. 초등학교 3학년쯤 되는 학생들이 모인 교실에서였다. 선생님께서 산수 숙제를 내주었는데, 선생님은 한 가지 중요한 조건을 제시했다. 숙제를 다른 곳에다 하지 말고, 반드시 자신의 노트에 해오라는 것이었다.

그런데 주인공이 집에 와서 보니 짝꿍의 노트가 자신의 가방 속에 들어 있는 것이 아닌가? 이거 큰일났네. 아버지를 도와 농사일도 해야 하고, 어머니를 대신해 아기도 보아야 하는데… 친구에게 언제 노트를 가져다 준담? 겨우 짬을 내어 주인공은 친구에게 노트를 가져다주어야겠다고 생각한다.

그러나 막상 친구의 집을 찾아 나서려니 쉽지 않았다. 친구가 살고 있다는 동네는 멀었다. 먼 동네로 찾아갔더니, 친구는 아버지와 함께 시장에 갔단다. 시장에 가서 보니 다른 곳으로 출발했다고 한다. 결국 친구의 집을 찾지 못하고 지그재그로 길이 난 언덕을 올라 집으로 돌아온다.

다음 날 산수 시간, 노트를 가지고 가지 않은 친구는 당연히 숙제를 해오지 않았다. 그러나 선생님은 그 친구의 노트 위에 '참 잘했어요'라는 표시를 해준다. 주인공이 친구의 숙제까지 해놓은 것이다.

'친구의 집'은 곧 진정한 친구의 상징이 아닐까? 진정한 친구란 그렇게 만나기 힘든 법이다. 진정한 친구란 무엇일까?

내게는 참으로 좋은 친구가 많다. 나를 진정으로 위해주는 친구가 참

많다. 친구들이 나를 생각해주는 것이 내가 친구들을 생각하는 것에 비해 넘친다. 그래서 빚진 기분이 들기도 하지만, 출가자가 되다보니, 그들에게 빚 갚기는 더욱 힘들어졌다.

옛 친구들 대신 함께 출가생활을 하고 있는 도반들을 진정으로 위해주고자 한다. 그러나 그럴 기회가 쉽게 오는 것은 아니다. 다만 부처님의 가르침을 공부하는 데 도움이 되는 도반들은 나의 진정한 벗이다. 그들을 위하는 길은 나부터 열심히 정진하는 것이다. 그리고 그들의 정진에 도움을 주는 것이다.

실로 부처님의 설법 속에서 친구의 의미는 완벽하게 명쾌해진다. 어느 날 아난다 존자가 부처님께 "청정한 행을 닦는 길에서 좋은 친구는 수행의 절반이라고 생각했습니다"라고 말하자, 부처님은 "아니다, 친구는 수행의 전부이다"라고 말씀하신다. 《잡아함경》의 〈선지식경善知識經〉에 나오는 내용이다. 이를 오늘날 입장에서 받아들인다면 "좋은 친구는 인생의 전부이다"라고 정리할 수 있을 것이다.

정관선사와 사명대사 유정惟政(1544~1610)은 나이 차이가 제법 있지만, 참으로 아름다운 우정을 쌓았던 것 같다. 그러나 임진왜란이 일어나자 두 사람은 전혀 다른 길을 간다. 정관선사는 출가사문이 창칼을 드는 것은 옳지 않다고 여겨 승군에 가담하지 않은 반면에 사명대사는 스승의 뜻에 따라 승병대장의 길을 간다. 일본의 정권이 바뀌자 사명대사는 나라를 대표하여 일본으로 떠난다. 이 시는 사명대사가 일본으로 떠난다는 소식을 들은 정관선사가 자신의 심정을 읊은 것이다.

우리는 수행하는 선사들이 무심한 사람일 거라 지레 짐작하기도 하는데, 이 시를 보니 분명코 그렇지 않다. 오히려 친구를 생각하는 마음이 세속 사람들보다 더하면 더했지 못하지 않다. 자신의 소신과는 다른 길을 가고 있음에도 불구하고 험한 길을 가는 친구에 대한 정이 참으로 애틋하다. 그러면서도 마지막 부분은 선사답게 화통하게, 이렇게 애틋한 정을 보내는 것은 그저 친구가 어서 돌아와 함께 회포 한번 풀고 싶음이라는 허허 웃음을 담았다.

이런 친구 한 명 있다면 우리 인생도 정관선사의 생애만큼 성공이다! 아니다. 내가 누군가에게 좋은 친구라면 나의 인생은 이미 성공이다.

물은

흐르고 흘러

기필코

만 리를 가네

뜰에 핀 꽃

庭 花

비 온 뒤 뜰의 꽃 밤마다 피어나
맑은 향이 스며드니 새벽창이 새로워라
꽃은 응당 뜻이 있어 사람 보고 웃는데
선원 가득 선승들은 헛되이 봄을 보내도다

雨 後 庭 花 連 夜 發
淸 香 散 入 曉 窓 新
花 應 有 意 向 人 笑
滿 院 禪 僧 空 度 春

—편양언기 鞭羊彦機 (1581~1644)

바야흐로 봄꽃들이 꽃망울을 터뜨리기 직전이다. 봄비 내리면, 마침내 때가 오면 꽃들은 선생님의 질문을 받은 초등학교 교실의 아이들이 너도 나도 "저요, 저요!" 소리치며 손을 번쩍번쩍 들듯이 피어오를 것이다. 어린아이처럼 순진해진 세상 사람들은 봄꽃이 피는 계절이면 꽃구경 간다고 부산해진다.

미당 서정주의 시詩 〈선운사 동구〉는 선운사의 동백꽃을 보러 간 사연을 노래했다. 시인은 그해 따라 동백꽃을 무척이나 기다렸는지, 너무 이르게 동백꽃을 보러 갔다가 그냥 막걸리집만 찾은 듯하다. 그런데 거기서 미당은 의외의 동백꽃을 만났으니, 바로 막걸리집 여자의 육자배기 가락에서다. 막걸리집 여자가 쉰 목소리로 부른 육자배기 가락에는 작년의 꽃이 아직도 남아 있었다는 것이다. 그리고 보니 꽃은 꽃이 아니거나 꽃만이 아니다. 보이는 것 이상의 깊은 뜻을 꽃은 살짝 보여주고 떠나는 것이다.

선운사 하면 떠오르는 꽃이 또 있다. 바로 꽃무릇이다. 꽃무릇은 이파리가 없이 꽃만 9월쯤 피어나는 진홍색 꽃이다. 그 붉기가 너무 진해서 그 붉은색을 계속 들여다보면 눈에 눈물이 고인다. 주로 군락을 이루면서 피어나는데, 이파리는 꽃이 진 다음에야 피어서 다음 해 5월쯤에 진다.

꽃무릇이 이렇게 꽃과 이파리가 서로 만나지 못하다보니 상사화相思花와 혼동하기 쉬운데, 상사화는 여름에 피는 연분홍 꽃이다. 잎은 꽃이 피기 전에 말라죽는다. 꽃과 잎이 서로 만나지 못하는 모습이 안타까워 사람들은 상사화라는 이름을 붙였다.

꽃무릇의 이파리와 꽃도 서로 만나지 못하는 것은 상사화와 같지만, 꽃무릇은 꽃이 먼저 피고, 상사화는 이파리가 먼저 피는 것이 다르다. 이파리는 광합성 작용을 하여 꽃이 피어날 양분을 만들고, 꽃은 번식을 담당한다. 일반적으로 꽃과 이파리는 서로 겹치는 시간이 있는데, 상사화나 꽃무릇은 꽃과 이파리가 함께 피어 있는 시간이 없기 때문에, 사람들이 보기에 서로 그리워만 하다가 만나지 못하는 것으로 여긴다. 그럴 만한 이유가 있을진대, 사람들은 자신들의 시각으로 꽃과 이파리가 서로 만나지 못함을 안타까워하는 것이다.

편양선사는 꽃의 뜻이 곧 부처님의 가르침과 한가지라고 여긴다. 아마도 그는 비가 온 후에 밤새 피어난 꽃을 새벽에 발견하고 확 눈이 열린 적이 있으리라. 아니 밖에 나와 발견하기 전에 그의 시에 따르면, 그는 이미 맑은 향이 문틈으로 스며드는 것을 느꼈고, 새벽창에 어리는 꽃그림자를 어루만졌다. 아, 거기에, 꽃이 우리를 보고 지어 보이는 그 미소에, 어쩌면 참 진리가 있건만, 선원 가득 좌선하고 있는 선승들은 모르고 헛되이 봄을 보내고 만다고 선사는 노래한다.

올해는 봄을 헛되이 보내지 말자. 우리를 보고 웃는 봄꽃의 의미를 꼭 알아보아야겠다.

승형에게

贈 承 兄

비 그치자 뜰에는 먼지 하나 없고
버들가지 동풍에 나부끼니 별천지 봄이로구나
그 가운데 남종南宗의 귀 열린 나그네
세간은 다 취했건만 홀로 깨어 있도다

雨 餘 庭 院 淨 沙 塵
楊 柳 東 風 別 地 春
中 有 南 宗 穿 耳 客
世 間 皆 醉 獨 醒 人

—사명유정 四溟惟政 (1544~1610)

만 생명을 구하기 위해 총칼을 들었던 사명대사는 전쟁이 끝나자 이번에는 외교관의 신분으로 적국敵國으로 간다. 수행자에게는 어울리지 않은 일이었지만 보살의 마음으로 총칼을 들었으니, 역시 수행자에게는 어울리지 않지만 적국에 잡혀간 수많은 조선인을 구하기 위해 사명대사는 사신使臣이 되었다.

출가한 스님이 어찌 전쟁에 나설 수 있으며, 외교관이 될 수 있느냐며 비판하는 이도 있겠지만, 그들은 율律에 어긋나는 일을 선택할 수밖에 없는 사명대사의 심정을 헤아려보았을까? 다음 시를 읽는다면, 절대 함부로 비판할 수 없을 것이다.

몇 년 동안 엉뚱한 짓하여 여생이 우습게 되었는데
수개월 풀옷을 입고 서울에 머물렀네
아쉬운 마음의 한은 봄을 그냥 보내는 것이요
노래하는 괴로움은 산山을 생각하는 정情이라
잔盞 하나 띄우고서 감히 바다를 건넌다고 말하고
지팡이 날려 병사兵事를 잘못 말함이 먼저 부끄럽네
나라를 위하는 온갖 일은 여러 노장老壯들이 있으니
원컨대 아름다운 시로써 동쪽으로 가는 길 빛내주소서
年 來 做 錯 笑 餘 生　　數 月 荷 衣 滯 洛 城
愁 病 平 分 送 春 恨　　歌 吟 半 惱 憶 山 情

浮杯謾道堪乘海　飛錫初羞誤說兵
爲國重輕諸老在　願承珠唾賁東行

—〈바다를 건너기 전 여러 대신들에게 시를 청하다(謹奉洛中諸大宰乞渡海詩)〉

사명대사도 전쟁에 참여한 것을 "엉뚱한 짓"이었다고 반성하고 있다. 그러나 어찌 피해갈 수 있으랴. 스님들에게는 나랏일을 맡기지 않는 것이 조선왕조의 법도이건만, 사명대사에게 부탁하는 조정의 절박함이야 오죽했겠으며, 그것을 수락해야 하는 사명대사의 마음은 또 더욱 곤혹스러웠으리라. 그럼에도 수행자라는 상(相. 想)을 내지 않고, 지탄을 받게 될지라도 이역만리에 포로로 잡혀간 백성들을 구하러 간 것은 오직 보살의 마음이었다.

사명대사는 교토에서 임제종의 승려 승태承兌(1548~1607)와 자주 접촉했는데, 승태가 일본 정부의 외교를 관장하고 있었기 때문이다. 사명대사는 승태를 위해 여러 편의 시를 썼는데, 〈승형에게(贈承兌)〉도 그중 한 편이다.

비가 갠 후의 봄날, 번뇌처럼 덮여 있던 먼지들이 사라지고 뜰에는 티끌도 없다. 새로 돋아난 버드나무 이파리는 바람에 흔들릴 때마다 싱그런 향기를 내뿜는다. 모든 번뇌를 버리고 그 청정함을, 그 향기로움을, 그 바람 소리를 한껏 알아차리는 것, 그것이야말로 비가 갠 아름다운 봄날에

우리가 할 일이다.

나라의 사신이 되는 것은 엄밀히 말해 승가의 법도에 어긋나지만, 사명대사의 마음가짐은 수행자의 자세에서 한 치도 벗어나지 않는다. 자연의 변화를 관찰하면서 자신을 돌아보고, 그것을 토대로 세간의 엄연한 현실을 직시하는 것이 대사의 처세법이다. 남종의 귀 열린 나그네는 승태이기도 하고 사명대사 자신이기도 하다. 세간이 다 취해 있어도 깨어 있어야 할 이가 바로 사명이나 승태 같은 선승인 것이다. 선승이 모범을 보이면 세상 사람들도 따라서 함께 깨리라. 세상이 함께 깨어 있으리라!

이가 빠지다

落 齒

나 태어난 지 삼 년 만에 너도 태어나
위아래 삼십이 개 가지런히 자리했누나
먹을 땐 쓴맛 단맛 온갖 맛을 다 보고
손님 만나 담소할 땐 너를 통해 소릴 냈어라
처음엔 사람 뼈도 바를 사자의 무는 힘 자랑했으나
마침내 날다람쥐처럼 알량하게 먹이를 씹는구나
겨우 도룡屠龍을 배웠으나 이미 심히 노쇠해졌으니
신세身世를 잘 거두어 산양과 동무하리라

吾 生 三 歲 汝 從 生　　上 下 齊 排 卅 二 劦
臨 食 苦 甘 憑 角 味　　對 賓 談 笑 賴 專 聲
始 誇 獅 子 咬 人 抉　　終 作 鼯 么 咀 物 儜
纔 學 屠 龍 衰 已 甚　　好 收 身 世 伴 山 羚

—무경자수 無竟子秀 (1664~1737)

치아는 우리에게 무엇인가? 갓난아기 시절 내 몸의 동반자가 된 후 내 몸과 평생을 함께하는 것이 치아다. 그 치아가 바야흐로 나와 이별해야 하는 순간, 모든 치아가 함께 떠나지 않는다면 다행이고, 혹은 모든 치아가 내 목숨과 끝까지 함께한다면 더욱 큰 행운일 터, 이 시는 내 목숨보다 먼저 떠나는 치아와의 이별의 순간을 노래하고 있다.

치아로 인해 우리는 얼마나 많은 즐거움을 누리고 있는가? 치아 덕분에 온갖 음식을 맛있게 먹을 수 있고, 치아 덕분에 정확한 발음으로 말할 수 있고, 치아 덕분에 바늘을 실에 꿰기 쉽고, 치아 덕분에 이를 악물고 공부할 수도 있다. 심지어 치아가 없으면 추위도 견디기 어려워지고, 남에게 웃음을 선사하기도 힘들다.

그렇게 고마운 존재를 우리는 꼭 탈이 나고서야 소중한 것이라고 실감하게 된다. 견성한 선사들도 치아가 주는 즐거움과 고통으로부터 자유로울 수는 없었을 것이다. 무경선사는 노쇠할 대로 노쇠한 이를 빼야 하는 시점에 이 시를 쓴 듯하다. 먼저 그동안 고생한 이를 찬양한 후, 그 사자처럼 드높던 기상이 날다람쥐처럼 쪼그라든 것을 직시하면서, 선사는 선사답게 의연하게 대처한다.

"겨우 도롱('용을 잡는다'는 뜻으로, 쓸데없는 학문이나 기술을 일컫는 말이다)을 배웠으나"는 '알량하게라도 치아를 간수하는 법을 배웠으나'로 이해할 수 있겠다. "신세身世를 잘 거두어 산양과 동무하리라"는 이를 빼서 산에 버리겠다는 뜻으로 읽히는데, "산양과 동무하리라(伴山羚)"는 표현이 재미 있다. 그것은 노쇠한 치아가 갈 길이기도 하지만, 죽음에 대한 선사의 담담한 태도의 반영으로도 보인다.

대부분의 사람들이 가장 가기 싫어하는 병원이 치과이다. 입을 벌리고 앉아 있는 것도 힘들고, 기계가 이 사이에 바람을 넣거나 물을 넣을 때의 이물감도 불편하다. 다행히 나는 치아가 건강한 집안에 태어나선지 이 때문에 괴로운 적이 별로 없다. 서른다섯 살까지는 치과를 한 번도 간 적이 없다. 30대 중반 인도 여행을 한 9개월 다녀오니 이가 많이 상했다. 이곳저곳 때울 곳이 생겨서 견적을 받아보니 200만원이었다. 그렇게 공장에서 정비를 하고 나서 나의 치아는 여전히 건강하지만, 이 또한 오래 가지 못할 것이다. 나도 무경자수 선사처럼 언젠가는 이를 뽑아서 버려야 할 일도 생길 것이다.

앞으로 치과에 갈 일이 있으면 이 시를 읽어보리라. 치과에 가기 싫을 때는 더 읽어보리라. 이를 빼야 할 시점에 이 시를 외는 것도 괜찮을 것 같다.

제자를 낙가산으로 보내며 5

送 人 洛 迦 山 五

나더러 뭔가 숨긴다고 하는가
나는 아무것도 숨기지 않노라
서쪽에서 오신 뜻 알고 싶으면
저 솔바람 소리 들어보아라

以 我 爲 隱 乎
吾 無 隱 乎 爾
若 人 欲 識 西 來 意
颯 颯 松 風 長 舉 示

—백운경한 白雲景閑 (1299~1374)

사람들은 대체로 가르치기를 좋아한다. 가르치기를 좋아하다보니 남의 말을 잘 듣지 않고 자기 말만 하려고 한다. 남의 말이 채 끝나기도 전에 뚝 잘라서 자기 말을 하는 사람들이 으레 있다.

그런데 남을 가르칠 만한 위치가 되었음에도 좀처럼 입을 열지 않는 사람이 있다. 백운경한 선사가 바로 그런 분이었다. 그는 지공指空(?~1363)화상에게 배우고 석옥청공石屋淸珙(1272~1352)선사에게 인가받았음에도 제자들에게 자상하게 가르쳐주거나 세간에 잘 나서지 않았다. 그런 선사의 태도에 도를 감추어두지 말고 널리 펼쳐달라는 요청도 있었던 모양이다.

이 시의 앞부분은 《논어》의 〈술이述而〉편에 나오는 공자孔子(B.C.551~B.C.479)의 말을 그대로 인용했다. 제자들이 보기에 공자는 학문은 가르쳐주지 않고 평범한 말만 하는 것이었다. 제자들은 스승이 심오한 가르침을 주지 않는다고 생각하였다. 이에 공자는 "나는 아무것도 감추지 않았다. 가르치지 않은 것도 없다. 제자들과 더불어 함께 하지 않은 것이 없었으니, 그게 바로 나, 구(丘)라는 사람이라네"라고 하였다. 위대한 진리는 사실 멀리 있지 않고 가까이 있으며, 비범하지 않고 오히려 평범하다. 위대한 스승의 경우에는 평범한 듯하면서도 걸림 없는 일상 자체가 큰 가르침이다.

백운선사는 뭔가 특별한 것을 찾아보겠다고 낙가산 낙산사로 떠나는 제자에게 바로 위 시와 같은 말을 한다. '나는 아무것도 숨긴 것 없이 가르칠 것 다 가르쳤다. 뭘 더 바라느냐? 진리를 알고 싶으냐? 먼 데서 찾지

마라. 저 솔바람 소리가 곧 진리이다.'

하하! 이 얼마나 단순하면서도 명쾌하고 신선한 선언인가! 달마대사가 서쪽에서 오신 뜻? 저 솔바람 소리다! "하늘 위 하늘 아래 내가 가장 존귀하다"는 선언이 태생적으로 위대한 신(神)보다도 깨달음을 완성한 사람이 더 위대하다는 인간선언이라면, 깨달음이란 먼 데 있지 않고 일상이나 평범 그 자체에 있다는 주장은 부처나 중생이나 다르지 않다는 평등선언이다.

나태주 시인은 〈행복〉이라는 시에서 저녁 때 돌아갈 집이 있다는 것만으로도 우리는 행복하고, 힘들 때 마음속으로 생각할 사람이 있다는 것만으로도 행복하며, 외로울 때 마음속으로 생각할 사람이 있다는 것만으로도 행복하다고 노래했다.

오늘의 선사 따라하기, 혹은 선시의 가르침 실천하기, 정말 쉽다. 평범함 속에 행복이 있다는 것을 알고 조용히 솔바람 소리를 듣는 것! 마하반야바라밀!

빗속에서

雨 中

뭉실뭉실 구름이 산당山堂을 지나가네
나뭇가지 절로 울고 새들도 바빠지는데
눈 뜨자 어둑어둑 빗발이 지나가누나
향 사르고 단정히 앉아 푸르름 바라보네

英 英 玉 葉 過 山 堂
樹 自 鳴 條 鳥 自 忙
開 眼 濛 濛 橫 雨 脚
焚 香 端 坐 望 蒼 蒼

―함허득통 涵虛得通 (1376~1433)

북한산 중흥사에 있을 때였다. 비가 오는 날이면 나는 마루에 나와 앉았다. 내가 있는 곳은 팔도도총섭이 있는 건물, 계파성능 스님이 거처로 삼거나 집무실로 삼았던 곳이다. 마루에서 앞을 바라보면 시야가 확 열린다. 빗방울이 땅바닥에 떨어졌다가 다시 튀어올라 마루로 올라오기도 한다. 마루로 올라온 빗방울은 열심히 마루 속으로 스며드는데, 늦게 온 빗방울들은 나무에도 틈새가 없어져 마루 밖으로 흘러간다. 차 한잔 하면서 마룻바닥과 먼 산을 번갈아 구경하면서 바라보노라면, 비가 내 마음속으로 들어와 먼지를 쓸어가는 느낌이다.

비가 온다는 것은 그만큼 많은 수증기가 하늘로 올라갔었고, 그것들이 조건이 맞아 내려온다는 뜻이리라. 그저 자연현상일 뿐이지만, 비가 오면 사람들은 흔히들 우울해진다고 한다. 도종환 시인은 비가 내리면 "몸 어디인가 소리 없이 아프다"(《오늘 밤 비 내리고》)라고 노래했다. 이성복 시인은 비가 오면 무덤에 누운 어머니가 생각나는지, "사랑하는 어머니 비에 젖으신다 / 사랑하는 어머니 물에 잠기신다"(《또 비가 오면》)라고 노래했다. 이렇게 현대의 두 시인, 도종환과 이성복은 비가 오면 마음이 아프단다.

함허선사는 좌정한 채 눈을 지그시 감고 밖을 내다보고 있다. 검은 구름이 어디론가 이사하는지 식솔들을 데불고 짐까지 잔뜩 동반하고 하늘길을 달려간다. 나무는 바람을 받아들여 가지를 흔들면서 울고, 새들은 조금이라도 더 먹이를 저장해두기 위해 분주하다.

세상이야 시끄럽게 마련이다. 비 오기 전 바람이 불면 나뭇가지는 흔들리게 마련이고, 새들도 나름 분주해지게 마련이다. 그렇다고 내 마음도 따라 흔들리거나 분주해질 필요 있겠는가? 이러한 풍경을 선사는 눈도 뜨지 않은 채 관찰자 시점으로 바라보고 있다. 그러다가 문득 눈을 뜨니 사방은 캄캄해졌고 빗발이 사선을 그으면서 떨어진다.

마지막 구절은 수행자는 비가 오면 이렇게 행동하고 이렇게 마음을 먹어라 하는 지침처럼 들린다. 선사의 몸은 향 사르고 단정히 앉아 한껏 푸르른 녹음을 바라볼 뿐, 선사의 마음은 그저 고요하고 고요하다. 지금 세상사 힘든 이여! 마음에 비가 내리는 이여! 이 시를 읽어보자. 비가 오면 비설거지는 하더라도, 비설거지 마치면, 향 사르고 단정히 앉아 저 푸름 바라보자!

금강산으로 가려는 스님에게

有 僧 欲 向 金 剛 以 詩 示 之

마음이 고요하다면 어찌 수고로이 세상을 피하랴
형체와 소리가 모두 본래 참된 근원이어라
시끄러움 싫어하여 고요함을 구하여도 마음이 생멸에 머문다면
스님이시여 끝내 저 불이문을 알지 못하리라

心 靜 何 勞 避 世 喧
色 聲 俱 是 本 眞 源
厭 喧 求 靜 心 生 滅
師 必 終 迷 不 二 門

—허응보우 虛應普雨 (1515~1565)

나야말로 세상이 시끄럽다는 이유로 진로를 여러 번 바꾸었다. 장학금을 받고 고시 공부하러 법과대학에 들어갔지만, 이렇게 모순된 세상에서 출세하면 뭐하겠냐고 문학으로 진로를 바꾸었고, 문단에서 20년을 보내다가 시끄러운 세상을 떠나 절로 들어왔다.

절에 와서도 떠날 이유는 늘 존재한다. 북한산 중흥사에서 약 8년간 소임을 살다가 사찰관리도 시끄러운 일이라며 내려왔다. 중앙승가대학교 수행관에서 학인스님들과 함께 수행하고 있다. 지금 내 마음은 고요한가? 생각해보면, 어느 곳이고 시끄럽지 않은 곳은 없다. 허응당 보우 스님 시에서처럼 자신의 마음이 고요하면 아무리 시끄러운 곳에서도 흔들리지 않을 터이다.

세상은 시끄럽게 마련이다. 절도 마찬가지다. 신도가 많은 절일수록 시끄럽다. 옛날에도 그랬을 것이다. 그래서 선시는 시끄러운 세속을 떠나, 또 번잡한 곳을 피해 고요한 자연 속으로 파고드는 경우가 많다. 바쁘기 그지없는 세상에서 그런 선시가 때로 청량음료와도 같은 것은 사실이지만, 진리가 세속을 떠나 따로 있는 것이 아님을 선승들은 잘 알고 있었다.

허응당 보우 스님은 불교가 억압받는 시대에 세간의 한가운데서 불법을 다시 일으키고자 했던 선승이다. 선사는 형체(色)와 소리(聲)로 상징되는 '세간' 자체가 본래 그대로 참된 근원이라고 노래한다. 마음이 이미 고요하다면 수고로이 세상을 피할 필요도 없을뿐더러, 만약 고요함을 찾는다 해도 마음이 생멸에 머문다면, 고요함도 오래가지 못한다는 것이다.

더 깊은 산중으로 들어가려는 선승을 위한 따가운 가르침이다.

이 시대에 우리는 어떻게 살 것인가? 이제 더 이상 고요한 곳은 없다. 깊은 산골도 이제는 세상과 완전하게 단절되어 있지 않다. 산중에서도 세계 곳곳을 구경하고, 세상 사람들과 소통하는 길이 열려 있다. 깊은 산골이 깊은 산골이 아니듯이, 복잡한 도심이라도 복잡한 도심이 아니다. 어디에 있건 자신의 마음을 고요히 다스릴 수 있다면, 그곳이 최고의 청정도량이다.

복룡천에서 피리 소리를 듣다

伏 龍 川 聞 笛

1

어둑한 골짜기에 구름이 비로소 일어나니
연못은 공쏯하고 물은 더욱 맑아라
해질녘 숲 밖에서 연주하는 피리소리
두 가락 세 가락 바람에 실려오누나

     洞 暝 雲 初 起　　潭 空 水 亦 淸
     夕 陽 林 外 笛　　風 送 兩 三 聲

2

산기운은 구름과 화합하여 그윽해지네
계곡물은 햇빛을 둘러 더욱 맑아지는데
이 가운데 표현할 수 없는 것 있느니
외로운 피리 소리가 부르는 가을의 노래

山 氣 和 雲 密　溪 流 帶 日 清
箇 中 難 畫 處　孤 笛 起 秋 聲

──운곡충휘 雲谷冲徽 (?~1613)

2018년 여름, 현대적인 기상관측을 한 이래 가장 더운 여름을 보냈다. 그해 가을, 가을이 오자마자 나는 먼저 라이너 마리아 릴케(Rainer Maria Rilke, 1875~1926)의 〈가을날〉이 생각났다.

주여, 때가 됐습니다.
여름은 참으로 위대했습니다.
당신의 그림자를 해시계 위에 얹으시고
들녘엔 바람을 풀어놓아 주소서.

마지막 과일들이 무르익도록
이틀만 더 남국(南國)의 햇살을 베푸소서.
과일들의 완성을 재촉하시고,
포도주에 마지막 단맛이 스미게 하소서.

지금 집이 없는 사람은 이제 집을 짓지 않습니다.
지금 혼자인 사람은 그렇게 오래 남아
깨어서 책을 읽고, 긴 편지를 쓸 것이며
낙엽이 흩날리는 날에는 가로수들 사이로
이리저리 헤매일 것입니다.

가을은 여름의 무더위가 만들어놓은 자연의 축복임을 깨닫게 해주는 시다. "지금 집이 없는 사람은 이제 집을 짓지 않습니다." 집이 없는데도 불구하고 더 이상 집을 만들려고 하지 않는다는 것은 가을이라는 위대한 산물 앞에서 욕망 또한 소멸되었음을 말하는 것 같다. 청소년 시절 참으로 좋아했던 시인데, 이 시를 부처님과 연결 짓지는 못했다. 이 시는 부처님의 오도송悟道頌과 유사한 데가 있다.

아, 집을 짓는 자여! 나는 이제 너를 보았노라!
너는 이제 더 이상 집을 짓지 않으리라!
이제 모든 서까래는 부서졌고
대들보는 산산이 조각났으며
나의 마음은 열반에 이르렀고
모든 욕망은 파괴되어 버렸느니

—《법구경》제154송

부처님께서는 수많은 생애 동안 집을 짓고 살아왔는데, 이제는 집을 짓지 않으신다. 집은 윤회이고, 서까래와 대들보는 윤회의 구성요소인 업식業識인데, 부처님은 윤회와 업식으로부터 자유로워지셨기 때문이다. 릴케의 시에서 집을 짓지 않는 사람은 낙엽이 흩날리는 날에는 가로수 사이를 이리저리 헤맬 것이지만, 부처님은 열반에 이르셨기 때문에 지극히 평화로울 뿐이다. 똑같은 것은 아니지만, 릴케의 〈가을날〉과 부처님의 오도송이 겹치는 것이 참으로 신기하다,

옛 선사들은 가을을 어떻게 맞이했을까? 운곡충휘 선사에게 가을의 전령은 '외로운 피리 소리'다. '외로운 피리 소리'가 실제 피리 소린지 숲과 나무가 들려주는 피리 소린지는 분명치 않지만, 그것은 중요치 않다. 아니, 참으로 중요하다. 정체가 잡힐 듯 잡히지 않는 피리 소리가 화두가 될 수 있으므로. 화두 공부하는 나는 가을의 숲에서, 혹은 숲 너머에서 들려오는 피리 소리에 집중해본다.

선사는 왜 피리 소리를 외롭다고 느꼈을까? 피리 소리는 깨달음의 노래여서일까, 깨달음에 근접한 이가 드물어서일까? 외로워야만 가을의 피리 소리가 들리는 것일까? 실로 외롭지 않고 그 무엇을 할 수 있단 말인가? 우리는 모두 "외로우니까 사람이다"(정호승 〈수선화에게〉). 외로움을 감당한 사람에게만 "외로운 피리 소리가 부르는 가을의 노래"가 들린다.

섣부를지라도 나는 외친다, 선禪이란 "외로운 피리 소리가 부르는 가을의 노래"를 듣는 것!

의천 선자에게

贈 義 天 禪 子

경전만 보고 깨달음에 이르지 못하듯
좌선만 고집함도 헛된 노력이라
가을 하늘이 바다처럼 맑을 때
마땅히 달의 수레는 혼자로구나

看 經 非 實 悟
守 默 也 徒 勞
秋 天 淡 如 海
須 是 月 輪 孤

—청매인오 青梅印悟 (1548~1623)

경전만 보고 깨달음에 이를 수 없고, 좌선만 고집함도 바른 길이 아니다. 그럼, 어떻게 수행해야 하는가? 청매선사는 달을 바라볼 뿐, 답하지 않는다.

밤하늘이 짙푸른 바다색일 때, 거기 노랗게 떠 있는 달을 본 적이 있는가? 망망대해 같은 밤하늘에 홀로 떠 있는 둥근 배 한 척, 그 한 척의 배에 올라탈 수 있을 때, 비로소 진실한 깨달음은 오는 것일까? 선禪이 이렇게 낭만적인 것이었던가? 김용택 시인은 지인이 달이 떴다고 전화하자 이에 감동하여 "달이 떴다고 전화를 주시다니요 / 이 밤 너무 신나고 근사해요"(〈달이 떴다고 전화를 주시다니요〉)라며 그 마음을 시로 옮겼다. 사람은 끼리끼리 논다더니, 달이 떴다고 전화하는 사람이나, 전화했다고 그것을 시로 쓰는 사람이나, 근본이 한가지인 듯하다. 이 세상에 그런 사람들이 있다는 것은 아직 이 세상이 살만하다는 것을 말해준다.

함민복 시인은 달, 혹은 달그림자를 "내가 만난 / 서정성이 가장 짙은 거울"(〈달〉)이라고 표현했다. 거울! 아니다. 달은 내 마음을 비추는 거울을 넘어서서 내 마음이다. 그래서 김용택 시인의 지인은 달이 뜨자 내 마음이 달처럼 원만해졌다고 기뻐서 세상을 향해 외치고 싶었던 것이다.

엄밀히 말하면, 깨달음은 경전 속에도 좌선 속에도 있지만, 밤하늘에 홀로 굴러가는 달의 수레를 감상하지 못한다면, 경전 속에도 좌선 속에도 없다. 수행이란 바다처럼 맑은 가을 하늘에 유유히 떠 있는 달 한 척을 보는 것! 삶이란 가을 하늘을 서서히 달려가는 달의 수레가 오직 혼자인 것을 확인하는 것!

달과 함께

찬 샘물을

두레박으로

길었네

마음을 대신하여 몸에게

自 代 心 贈 身 形

나 그대를 의지하여 이 땅에 태어났으니
그대와 나 서로 의지한 지 어언 오십 년
다만 아쉬운 것은 우리 서로 작별하는 날
백년을 함께한 정 하루아침에 멀어진다는 것

　　我 生 落 地 即 憑 渠
　　渠 我 相 將 五 十 餘
　　秖 恐 與 渠 分 手 日
　　百 年 交 道 一 朝 踈

—기암법견 奇巖法堅 (1552~1634)

건강하고 보기 좋은 몸을 만들기 위해 사람들은 온갖 노력을 기울이고 있다. 그런데 이렇게 몸을 중시하는 오늘날의 풍토는 오히려 몸을 함부로 하는 태도를 담고 있는 것은 아닌지? 현대인들은 자신에게 주어진 몸에 만족하지 못하고 남에게 더 잘 보이기 위해 몸을 뜯어고치기까지 한다. 이러한 현상을 두고 소설가 박상륭은 현대인들이 '몸의 우주'의 차원에 머물러 있다고 질타한다.

부처님께서는 몸(육신)을 긍정적인 것으로 보셨을까, 아니면 부정적인 것으로 보셨을까? 혹시 다음과 같은 게송 때문에 부처님께서는 몸을 부정적인 것으로 보셨다고 생각할 수도 있겠다.

이 몸은 고기와 피로 덮여 있고
뼈로 쌓아올린 하나의 성곽
그 안에 교만과 비방
늙음과 죽음이 함께 머무르고 있구나

—《법구경》 150송

부처님께서 용모가 아름답기로 유명한 루빠난다라는 비구니스님에게 읊어준 게송이다. 우리는 이런 게송 때문에 부처님께서 육체를 더러운 것으로 본다고 생각하기 쉽지만, 부처님께서는 육신을 더러운 것으로도 깨끗한 것으로도 보지 않으셨다. 다만 육신에 집착하는 이가 많다보니 몸에 집착하지 말라는 의미에서 몸을 부정적으로 말씀하시는 경우가 있었을 뿐이다.

전통적으로 육체적인 가치보다 정신적인 가치를 중시했던 사람들은 육신을 등한시했다. 선사들도 예외는 아니었을 듯한데, 기암선사의 시를 읽으며 몸에 대한 수행자의 태도가 어떠해야 하는지 생각해본다. 몸에 집착하지 말아야 하지만, 그렇다고 몸을 함부로 해서는 더더욱 안 된다. 기암선사의 시가 바로 그렇게 노래하고 있다.

선사는 육신 덕분에 이 세상에 태어났음을 감사해하고, 죽게 되면 백년 동안 쌓은 정도 하루아침에 버려야 한다고 아쉬워하지만, 이는 육체에 집착하는 태도도 육신을 함부로 하는 태도도 아니다. 오랫동안 고생한 몸을 따뜻한 시선으로 위로할 뿐, 결국에는 헤어져야 할 육신에게 미련 갖지 말아야 함을 이 시는 '은근히' 가르친다.

내 몸을 진정으로 사랑하겠다는 마음으로 다음과 같이 다짐해본다. "내 몸에 항상 감사하는 마음을 갖겠습니다. 나로 인해 고생하고 있는 몸에게 수시로 따뜻한 위로를 건네겠습니다. 나의 몸이 건강할 수 있도록 규칙적인 운동을 하겠습니다. 나의 몸이 편안할 수 있도록 몸에 해로운 것은 먹지 않고 과식하지 않겠습니다. 나의 몸이 무리하지 않도록 지나친 욕심을 부리거나 성내지 않겠습니다."

눈 온 후 산으로 돌아가면서

雪 後 歸 山

차가운 가지에 붙어 있던 흰 눈이 편편이 떨어지는데
소나무 노래와 바람의 파도는 저녁 하늘을 아우성치네
대지팡이 짚고 돌 위에 올라 고개 돌려 바라보니
옥봉玉峯은 높이 박혔으나 새는 구름 주위를 맴도네

寒 枝 着 雪 落 翩 翩
松 韻 風 濤 吼 晚 天
石 上 停 筇 回 首 望
玉 峯 高 挿 鳥 雲 邊

—설암추붕 雪巖秋鵬 (1651~1706)

눈[雪]은 세상의 색깔을 한꺼번에 바꿀 수 있는 자연의 특별한 선물이다. 그것은 어둠을 일시에 밝음으로 바꿔주는 '깨달음'을 닮았다.

설암추붕 선사는 마을로 나갔다가 눈 내린 후 저녁 산사로 가는 길이다. 사람이 가까이 다가가면 나뭇가지에 살며시 붙어 있던 눈들이 붙잡고 있던 손을 놓고 사뿐히 지상으로 내려온다. 집이라는 나뭇가지를 붙잡고 있다 떠나온 출가자들처럼 눈은 집착을 내려놓으라는 발소리에 가볍게 나뭇가지를 떠나는 것이다. 그때 소나무 숲을 휘감는 파도 소리! 산이 들려주는 법음法音이다.

눈이 오면 제설작업 걱정만 할 게 아니다. 문득 고개를 돌려 저 높은 봉우리를 보자. 우리의 본래 마음은 한결같이 저 높은 봉우리건만 지금 새처럼 구름 주위만 배회하고 있지는 않은지?

김수영의 시 〈눈〉에서 눈[雪]은 상징적이다. 눈은 하늘에서 내려온 순수함의 상징, 우리의 마음을 그대로 반영한다. 김수영 시인은 마당 위에 떨어진 순수함의 상징인 눈을 보고 기침을 하거나 "밤새도록 고인 가슴의 가래라도 뱉자"라고 했다. 눈을 향하여 기침하고 가슴의 가래라도 뱉는 것은 한편으로 선불교의 할喝이나 방棒처럼 느껴진다. 아니다, 차라리 '기도祈禱'로 느껴진다. 눈이라는 순백의 상징, 순수함의 상징을 향하여, 자신을 진정 순수하게 바라볼 수 있는 눈을 달라고 간절하게 기원하는 것으로 보인다.

왜 '눈[雪]'에게 기도하는 것일까? 순백의 눈은 우리의 잘못된 인식을 한꺼번에 변화시킬 수 있는 '돈오頓悟'의 상징일 수 있기 때문이다. 단박에 깨달을 수 있는 내 마음, 아니 이미 깨달아 있는 내 마음, 눈이 상징하는 바는 바로 그것이다. 올 겨울에 눈이 오면 세상의 처음인 듯 고요하면서도 모든 것을 환하게 밝게 비추는, 높이 박혀 있는 옥봉玉峯인 '내 마음'을 들여다보자.

보암의 새벽종

普 庵 晨 鐘

마을에서 꼬끼오 하고 닭이 시간을 알려오면
산사에서 웅장하게 울려 퍼지는 새벽 종소리
하늘의 바람이 인간의 미몽迷夢 깨뜨리려고
천층 만길 만장봉에서 천천히 끌어내리네

野 村 喔 喔 呼 更 鳥
崖 寺 隆 隆 報 曉 鍾
天 風 欲 破 人 間 夢
引 下 千 層 萬 丈 峯

—무용수연 無用秀演 (1651~1719)

언젠가 고故 최하림 시인의 시론詩論을 들은 적이 있다.

"저는 시를 쓸 때마다 산사의 새벽 범종 소리를 생각합니다. 산사에서 범종 소리가 마을을 향해 울려 퍼지면 마을 사람들은 노동을 시작합니다. 그렇게 산사의 범종 소리와 같은 맑은 음악이 마을 사람들의 다양한 삶과 어우러지는 것, 그것이 바로 저의 시가 추구하는 방향입니다."

무용선사의 〈보암의 새벽종〉은 마을의 닭과 산사의 범종과 하늘의 바람이 서로 화답하는 모습을 기가 막히게 그려낸 시다. 먼저 마을에서 닭이 새벽을 알리는 홰를 치면, 산사에서도 새벽이 되었음을 대중에게 보고하는 범종이 울린다. 하늘의 바람은 그 새벽 종소리를 다시 마을에 사는 인간의 미몽을 깨뜨리려고 높이 솟은 만장봉에서 천천히 끌어내린다. 마을과 산사와 산봉우리와 하늘 바람의 인연생기(因緣生起)가 아름답기 그지없다.

마을에 살았던 최하림 시인은 산사의 범종을 먼저 얘기했는데, 무용선사는 산사의 범종이 아니라 마을의 닭 울음부터 시작한다.

무용선사의 시에 따르면 산사의 범종을 깨우는 이는 마을의 닭이다. 부처님의 깨달음이 먼저가 아니라 중생의 괴로움이 있어서 부처님의 깨달음이 있었던 것과 한 이치다. 이 기가 막힌 진리가 바로 이 선시에 있었다. 부처님의 깨달음이 먼저 있는 것이 아니라, 중생의 괴로움이 먼저 있었던 것이다.

그렇다. 마을이 있어서 산사가 있는 것이고, 마을의 닭울음 소리가 있으니 산사의 범종 소리가 있는 것이다. 무용선사의 선시에 따르면 산사의 종소리도 스스로 산을 내려오는 것이 아니라 하늘 바람의 재촉을 받아 마을로 내려온다. 이 또한 범천梵天이 부처님께 법을 청한 후에 부처님께서 가르침을 펼치기 시작한 것과 한가지다.

세간의 괴로움이 있어서 부처님의 가르침도 탄생했다면, 세간의 괴로움과 함께하지 않는 불교는 엄밀히 말해 불교가 아니다. 이 평범한 진리를 잊지 말자.

눈 내리는 밤

雪 夜

한줄기 차가운 등불 아래 경전을 읽느라
밤눈이 빈 뜰에 가득 쌓이는 줄 몰랐어라
깊은 산 나무들은 모두 연주를 멈추었고
때맞춰 처마 밑 고드름이 섬돌을 두들겼으나

一 穗 寒 燈 讀 佛 經
不 知 夜 雪 滿 空 庭
�껑 山 衆 木 都 無 籟
時 有 檐 氷 墮 石 牀

—철선혜즙 鐵船惠楫 (1791~1858)

소리 없이 눈이 내리는 겨울밤, 철선선사의 산사는 이러하였다. 선사는 차가운 등불 아래 경전을 읽는 데 몰두하고, 그 사이 눈은 소리 없이 내려 세상을 온통 하얗게 칠하고 있다. 신나게 불어대던 나무들의 퉁소 소리가 그쳤음에도 선사는 아랑곳하지 않고 경전을 읽을 뿐, 가끔 처마 밑 고드름이 리듬을 맞춰주기도 하는 그러한 밤이었다.

눈이 내리면 우리 현대인들은 어떤 감정에 젖어드는가? 80여 년 전 김광균 시인은 한밤중 눈 내리는 소리를 "머언 곳에 여인의 옷 벗는 소리"(《설야雪夜》)라고 느꼈다. 이렇게 섬세한 감각으로 눈 내리는 소리를 감지한다면 참으로 훌륭한 일이다. 이렇게 몸으로 느끼는 감각을 알아차리는 가운데 욕망과 갈애를 벗어버릴 수 있다면 깊은 선정에 들 수 있을 것이다.

현대인들은 대체로 눈이 내리면 누군가가, 뭔가가 그리워지는 듯하다. 이 시대의 시인 정호승과 안도현은 "첫눈 오는 날 만나자"라고 한다.

그래, 첫눈 오는 날 그리운 사람을 그리워하는 것 괜찮다. 그러나 나는 나의 아름다운 선배 철선혜즙 선사를 흉내내어 눈이 내리는 밤이면 경전을 읽으리라. 그리움도 낭만도 설렘도 버리고, 눈이 덮인 세상은 부처님 말씀을 새길 하얀 종이라고 여기고, 우리가 읽은 경전을 그 종이에 다시 써보자. 바람도 방해하지 않으려 숨을 죽여줄 것이다. 나무들도 가지 위에 앉은 눈이 떨어질세라 조심스레 움직이지도 않을 것이다. 가끔 처마 밑 고드름이 쏟아지는 졸음을 깨워주는 것에 박자 맞추어, 현대인들이여, 그리고 나여, 그러한 밤을 흉내내보는 것은 어떨지.

계우법사에게

示 繼 雨 法 師   2

집집마다 문 밖은 서울로 가는 길이나
곳곳마다 굴속에는 사자 새끼 있어라
거울마저 깨버려서 모든 일이 없어졌는데
몇 마리 새의 지저귐만 꽃가지를 오르누나

家 家 門 外 長 安 路
處 處 窟 中 獅 子 兒
打 破 鏡 來 無 一 事
數 聲 啼 鳥 上 花 枝

—소요태능 逍遙太能 (1562~1649)

한때, 모든 길은 로마로 통한다고 했던가? 당나라에서는 장안으로 통했듯이, 지금 우리나라에서는 서울로 통한다. 나도 그랬다. 중학교까지 시골에서 살다가 고등학교에 진학하기 위해 광주로 갔고, 대학을 졸업하면서 서울로 왔다.

서울에 진출하여 직장에 다니는 형에게 얹혀 살던 봉천동, 화장실마저 대문 밖에 있던 불편하기 짝이 없던 곳이었다. 문학 공부를 해보겠다고 서울로 올라왔으나 서울 생활에 적응하기도 힘든데, 출판문화협회에서 만드는 격월간 잡지 〈출판저널〉 기자가 되었다. 여러모로 부족한 나를 뽑아준 열화당의 이기웅 사장님께 지금도 감사하는 마음이다.

그렇게 서울 생활을 시작한 이래 나는 출가한 후에도 여전히 수도권에서 살고 있다. 우리들이 우스갯소리로 하는 '수도승'이다.

소요태능선사에게도 그런 세속의 모습이 보였는지 "집집마다 문 밖은 서울(장안)로 가는 길이냐"라고 썼다. 그러나 거기서 멈춘다면 진정한 선승이 아닐 터, 선사는 2구에서 "곳곳마다 굴 속에는 사자 새끼 있어라"라는 절묘한 대구를 선보인다.

집을 나가면 길이 있고, 그 길은 결국 서울로 통한다는 것, 그런데 집과 대비되는 공간이 있으니, 바로 굴窟이다. 집[家]은 무엇이고 굴窟은 무엇인가? 집이 사람이 사는 공간이라면, 굴은 짐승이 사는 공간이다. 그러나 인도의 수행자들은 집은 세속인이 사는 공간이고, 굴은 수행자가 사는 공간으로 만들었다. 굴속의 사자 새끼는 곧 수행자렷다.

굴속에는 무슨 일이 벌어지고 있는가? 거울에는 외모를 비춰주는 것도 있겠지만, 내면을 비춰주는 것도 있을 터, 그 거울을 깨버렸다면 일체 걸림이 없어진 경지다. 이쯤 되면 굴에서 굳이 나갈 이유도 없어진다. 계절은 마침 봄이어서 몇 마리 새의 지저귐이 나뭇가지를 기어올라 꽃으로 피어나고 있더라. 아아, 더 이상 무슨 말이 필요한가?

이번 봄에는 새들의 지저귐이 꽃나무 가지를 타고 오르는 것을 감상해볼지어다. 선이란, 행복이란 그 이상도 그 이하도 아닐진저.

봄을 즐기다

賞 春

지팡이 챙겨들고 오솔길 찾아
홀로 배회하면서 봄을 즐기노라
돌아오는 길 향기가 소매에 가득하니
나비가 멀리서부터 사람을 따라오누나

曳 杖 尋 幽 逕
徘 徊 獨 賞 春
歸 來 香 滿 袖
蝴 蝶 遠 隨 人

─환성지안 喚醒志安 (1664~1729)

우리나라 스님들이 입는 승복은 소매가 넓다. 그러다보니 음식을 먹을 때 조심하지 않으면 소매가 음식물에 닿을 수 있다. 보기에는 좋을지 몰라도 소매가 넓은 것이 대체로 불편했는데, 이 시를 읽으니 넓은 소매가 참으로 유용함을 알겠다. 넓은 소매는 꽃향기 넘치는 꽃길을 걸을 때 꽃향기를 빨아들여 저장하는 역할을 하는 것이었다. 참으로 유쾌한 용도가 아닌가?

올봄에는 넓은 소매를 펄럭거리며 꽃향기 넘치는 오솔길을 걷자. 꽃향기를 넓은 소매 속으로 넉넉하게 받아들이면서 걷다보면 온몸에 봄이 가득하리라. 정호승 시인은 "꽃씨 속에 숨어 있는 / 어머니를 만나려면 / 들에 나가 먼저 봄이 되어라"(〈꽃을 보려면〉)라고 노래했는데, 들에 나가 봄이 된다는 것이 무엇이겠는가? 선승들에겐 소매 가득히 봄을 받아들이는 것이 아니겠는가.

줄기에서 정성껏 만들어진 당분이 잘 씻기지 않은 컵 모양의 꽃의 바닥까지 솟구쳐오를 때—땅에서는 대단한 역작이 이루어져 나비가 갑작스레 날아오른다. 그러나 애벌레로서 눈멀어 있고 아직 검은 머리를 지니고 있던 때와, 대칭의 날개가 타오르던 그 완전한 폭발에 의해 여위어진 몸통을 지녔던 때처럼, 그후로도, 여기저기 헤매는 나비는 단지 그 생애의 여정에 따라 혹은 그 비슷하게 자신을 내맡긴다.

날아다니는 성냥, 그 불꽃은 전염되지 않는다. 게다가 그것은 너무 늦게

다가와서는 이미 피어버린 꽃들을 확인할 뿐이다. 상관없지. 점등부點燈夫처럼 행동하며 꽃마다 남아 있는 기름의 잔량이라도 확인하니까. 나비는 쇠약한 누더기 몸을 이끌고 와서 꽃부리에 얹고, 애벌레 시절 줄기 아래서의 기나긴 굴욕을 복수한다.

대기 중의 조그만 범선은 수많은 꽃잎 사이에서 시달리며 정원을 배회한다.

—프랑시스 퐁주(Francis Ponge, 1899~1988) 〈나비〉

아, 그리하면 나비들이 소매에 가득한 향기를 따라오리니, 그때는 나비들을 꽃밭으로 인도해야지. 번데기가 갑자기 나비가 되는 것, 깨달음을 이미지화한다면 이보다 더 적절할 수는 없을 것이다. 실로 그것은 "대단한 역작"이다. "애벌레로서 눈멀어 있고 아직 검은 머리를 지니고 있던 때"가 곧 무명無明이고 무지無智라면, "대칭의 날개가 타오르던 그 완전한 폭발"은 광명光明이고 돈오頓悟이다.

그러고보니 승복의 넓은 소매는 나비의 날개를 닮기도 했다. 이제 넓은 소매의 용도를 알았으니, 약간의 불편함은 감수하면서, 올봄에는 넓은 소매를 꼭 써먹어보자, 우리의 마음속에서 나비가 날아오를 때까지, 아니 우리 마음이 나비가 될 때까지.

책 읽는 학생들에게

示 讀 書 諸 生

마음 먼지 깨끗이 닦아내고 여섯 창을 닫아걸고
끝내 한입에 서강西江의 물 다 마시길 기약하라
어찌 참선이 단지 의심의 그물 제거함일 뿐이리
도를 배우려면 먼저 아만我慢의 기[幢]를 꺾어라
맑은 날엔 깎아지른 절벽을 마주하여 나무를 바라보고
저녁엔 높은 누각을 의지하여 흐르는 물소리 들어라
세간의 재주로 뽐내고 싶은 마음일랑 모두 버릴진저
나로선 아직 시마詩魔만은 항복시키지 못했지만

    淨 掃 心 塵 閉 六 窓　　終 期 一 口 吸 西 江
    安 禪 只 爲 除 疑 網　　學 道 先 須 折 慢 幢
    晴 對 斷 崖 看 好 樹　　晚 憑 危 閣 聽 流 淙
    世 間 技 癢 都 消 盡　　唯 有 詩 魔 未 得 降

—백암성총 栢庵性聰 (1631~1700)

어떻게 공부할 것인가? 백암선사가 시적詩的으로 지침을 내렸다.

여섯 가지 감각기관을 잘 단속할 것! '한강의 물을 다 마시겠다'는 정도의 큰 원력을 세울 것! 자존심을 버릴 것!

혜암慧菴(1920~2001) 스님은 "공부하다 죽어라"라고 했는데, 백암선사는 특이한 주문을 한다. '맑은 날엔 절벽을 마주하여 나무를 바라보고, 저녁 엔 누각에서 흐르는 물소리 들어라!' 자연과 하나되는 그 자리에 공부의 완성이 있음일까?

세간의 얄팍한 재주는 내세울 생각 하지 말 것! 그러나 백암선사도 시 짓고 발표하는 욕구로부터는 자유롭지 못했음을 고백한다. 하하, 시 쓰는 것은 용서해주시겠다는 것인가?

차가운 샘에서 길어 올린 달

寒 泉 汲 月

산승은 물속의 달이 너무 좋아서
달과 함께 찬 샘물을 두레박으로 길었네
돌아와 동이 안에 쏟아 붓고는
아무리 물을 휘저어 봐도 달은 간데없네

山 僧 偏 愛 水 中 月
和 月 寒 泉 納 小 缾
歸 到 石 龕 方 瀉 出
盡 情 攪 水 月 無 形

—괄허취여 括虛取如 (1720~1789)

"시詩와 미美와 사랑과 낭만은 인생의 수단이 아니라 목적이다."

영화 〈죽은 시인의 사회(Dead Poets Society)〉에서 국어교사인 존 키팅 선생이 명문대학 들어가는 데 혈안이 되어 있는 학생들에게 한 말이다. 이 말을 들은 학생들은 혼란에 빠진다. 학생들은 그동안 인생의 목적은 성공이라 들었고, 성공하기 위해서는 명문대학에 들어가야 하고, 명문대학을 졸업한 후에 좋은 직업을 선택해야 한다고 들었다. 그리고 좋은 직업이란 의사나 변호사, 교수, 큰 회사를 경영하는 사업가 등이라고 생각했는데, 갑자기 시와 미와 사랑과 낭만이야말로 우리 인생의 목적이라니, 지금까지 전혀 들어보지 못한 가르침에 학생들은 어리둥절했던 것이다.

처음에는 어리둥절했던 학생들도 이내 선생님의 진정한 뜻을 알아보고 무조건적인 입시공부가 아닌 인생의 참의미를 찾기 위한 공부에 열중하게 된다. 시와 미와 사랑과 낭만! 선시를 통해 들여다본 옛 선승들의 삶은 그야말로 시와 미와 사랑과 낭만이 넘쳤다. 선승들이야말로 깨달음의 순간은 물론 죽음의 순간에도 시를 찾았으며, 멋진 자연풍광 속에서 아름다움을 만끽하며 살았고, 중생을 향한 자비로운 마음을 잃지 않았고, 게다가 낭만적이기까지 했다.

괄허선사의 시를 보라! 얼마나 낭만적인가? 물속의 달이 좋아서, 그 달을 두레박으로 길어 올리다니! 두레박을 들여다보니 달은 의도한 대로 그 안에 있었다. 잘 건져 올렸군. 조심스럽게 절간에 가져와 물동이에 부었겠지.

아뿔싸! 물속에서 빙그레 웃고 있었던 달이 없는 것이었다. 물속에 깊이 숨어 있는가 해서 휘저어 보았지만, 달은 보이지 않았다. 여기서 낭만이 사라져버린 것처럼 보이기도 하지만, 괄허선사가 어찌 물속에 비친 달이란 그림자일 뿐임을 몰랐겠는가? 물속의 달을 길어 올림은 그 아름다움에 취할 수 있음이다.

눈에 보이는 것에 집착하지 말아야 하지만, 아름다움을 깊이 느끼는 것은 소중한 일이다. 부처님께서도 마지막 열반 여행 중 "아난다여, 웨살리는 아름답구나. 우데나 탑묘도 아름답고, 고따마까 탑묘도 아름답고, 삿땀바까 탑묘도 아름답고, 바후뿟따 탑묘도 아름답고, 사란다다 탑묘도 아름답고, 짜빨라 탑묘도 아름답구나"라고 하시며, 여행지의 아름다움을 찬탄하곤 하셨다.

물속의 달은 물론 달이 아니다. 이 시는 우리들이 집착해 마지않는 것이 사실은 실체가 아님을 말하는 것일까? 아니다. 괄허선사는 길어 올릴 수 없는 달을 길어 올려보는 것 자체를 즐기고 있다. 나도 이 시를 따라 하리라. 물속의 달을 길어 올리리라. 길어 올려서는 병 속에 담아보리라. 언젠가는 물속의 달을 병 속에 담는 데 성공하리라 믿으며!

가을비

쓸쓸히 내리고

낙엽만 온 산에

가득하리라

인도로 간 스님들

歸竺諸師

아득히 먼 천축국 첩첩 만산萬山 너머에
가엽게도 유학승들은 애써 길을 떠났네
몇 번이나 저 달은 외로운 배 떠나보냈나
아직 한 사람도 구름 따라 돌아오지 못했네

天 竺 天 遙 萬 疊 山
可 憐 遊 士 力 登 攀
幾 回 月 送 孤 帆 去
未 見 雲 隨 一 杖 還

—보각일연 普覺一然 (1206~1289)

진리를 찾아 먼 길을 떠난 사람들이 있었다. 빠른 교통수단이 있는 것도 아니어서, 거의 걸어야 했던 시절, 때로 뱃길을 이용하기도 했지만, 돌아온다는 것을 기약할 수 없는 여행이었다. 동아시아의 불교는 바로 그들에 의해 꽃이 피었고 열매를 맺었다.

동아시아의 불교 전래는 먼저 전법승傳法僧으로부터 비롯되었다. 가장 먼저 가섭마등과 축법란이 불상과 경전을 흰말에 싣고 온 이래, 안세고, 지루가참, 지겸, 축법호, 구마라집 등 서역의 전법승들이 줄을 이어 동아시아에 건너와 법을 전했다. 전법승들은 곧 역경譯經에 종사하여 동아시아 사람들에게 위대한 불법을 전했다. 그러나 외국인 스님들의 전법만으로 만족하지 못한 스님들은 더 깊은 불법을 공부하기 위해 서역으로 떠났으니, 그들이 바로 구법승求法僧들이다. 전법승들이 역경譯經을 했지만, 외국인의 번역에 만족할 수 없었던 구법승들은 인도에서 돌아와 다시 역경을 했다. 진리를 공유하고자 하는 열망과 진리를 구하고자 하는 열망이 동아시아의 불교를 꽃피웠던 것이다.

"몇 번이나 저 달은 외로운 배 떠나보냈나." 수많은 스님들이 길을 떠났지만, 돌아온 스님은 거의 없었다. 법현法顯(399~412년 인도 스리랑카 등 순례), 현장玄(627~645년 인도 순례), 의정義淨(672~692년 인도 체류), 혜초慧超(723?~727?년 인도 순례). 인도를 여행한 후 돌아와 역경 활동을 펼쳤던 스님들이다. 그분들 외에도 엄청나게 많은 스님들이 길을 떠났지만, 대부분 돌아오지 못했음을 일연 스님은 시로써 말한다. 아름다운 뜻을 갖고 떠난 스님들을 손

꼽아 기다렸지만 기다림의 달[月]만 매번 빈 배를 쓸쓸하게 비춰줄 뿐이었다. 그러나, 돌아온 스님이든 돌아오지 못한 스님이든, 그들의 진리를 향한 열망은 우리들 마음의 영토에 아름답게 귀국하였다. 그 열망으로 우리도 꽃을 피우고 열매를 맺으리라. 전법과 구법과 역경의 꽃과 열매를!

계곡에서

溪 行

푸성귀 뜯다가 개울가에서 쉬노라
계곡물은 맑고도 잔잔하구나
젊은 등나무는 비를 맞아 깨끗하고
늙은 돌은 구름과 어울려 아름답다
어린 이파리는 어여쁘게 자라가고
휘늘어진 꽃은 아직 시들지 않아 기특한데
푸른 암봉巖峯은 마치 수놓은 병풍과 같고
파란 이끼는 무늬 좋은 깔개 같아라
우리네 인생길 무엇을 더 바라랴
담담히 턱 고인 채 돌아갈 길 잊었더니
애석하게도 산의 해는 일찍 저물고
숲의 끝에선 어둠의 연기가 피어오르네

採 薇 休 溪 畔　溪 流 清 且 漣
新 藤 經 雨 淨　古 石 依 雲 娟

嫩 葉 憐 方 展　蕤 花 欣 未 蔫
青 巖 當 繡 屛　碧 蘚 代 紋 筵
人 生 亦 何 求　支 頤 澹 忘 還
滄 涼 山 日 暮　林 末 起 暝 煙

—초의의순 草衣意恂 (1786~1866)

산나물을 캐다가 계곡에서 쉰 적 있었던가? 나무와 풀과 이끼와 물고기와 대화하다보니 어느덧 저녁이 된 적 있었던가? 그렇게 한가롭지 못하다면 득도(得道)는 한참 멀었음이리라.

초의선사는 한가로이 푸성귀를 뜯다가 계곡 옆에 앉았다. 물과 새와 벌레가 맑고 고요한 음악을 들려주는 가운데, 선사는 함께 살고 있는 식구들을 둘러본다. 젊은 등나무와 늙은 돌과 어린 이파리와 초목의 꽃이 그의 식구이다. 계곡물과 푸른 암봉과 이끼 낀 바위는 식구들이 공유한 재산이다. 이렇게 부유한 살림을 확인하면서 선사는 돌아가는 것마저 잊었다.

생각해보면 나도 초의선사와 다름없는 환경에서 살고 있거늘, 왜 그처럼 한가해지지 못하는가? 일요법회를 준비하기 위해, 템플스테이를 준비하기 위해, 대학원 숙제를 하기 위해 시간에 쫓기면서 살고 있다. 혹 시간과 의무의 노예로 살고 있지는 않은지? 모든 것이 부처님 법을 배우고 펼치는 일이라 즐겁긴 하지만, 마음의 여유를 갖지 못한다면 진정한 부처님의 제자가 아니다. 다시 한번 돌아볼 일이다, 밤하늘 한번 편안하게 쳐다볼 여유도 없이 살고 있지는 않은지.

고란사에서

題 皐 蘭 寺 壁

가을꽃이 생각 많아 강을 향해 피었는데
천년의 흥망을 나그네 스스로 찾아왔네
오직 낙화암 곁에 절만이 남아 있어
석양녘 스님이 조룡대를 지나가네

秋 花 多 意 向 江 開
千 載 興 亡 客 自 來
唯 有 落 花 巖 畔 寺
夕 陽 僧 過 釣 龍 臺

—백곡처능 白谷處能 (1617~1680)

옛 선사들은 백제의 멸망을 어떻게 생각했을까? 승군의 총사령관인 도총섭都摠攝을 역임했고, 국가의 척불론斥佛論에 맞서 〈간폐석교소諫廢釋教疏〉를 올리기도 했던 백곡선사에게 백마강을 향해 피어 있는 가을꽃들이 먼저 눈에 띄었다. 저 가을꽃들도 피고지면서 나라와 백성의 흥망을 지켜보았으리라.

영광이 사라진 자리에 절 하나가 남아 있으니, 고란사는 백제의 한恨을 달래주는 고즈넉한 사찰이다. 한! 수많은 시인들이 백제를 노래한 이유는 백제야말로 한의 상징이기 때문이다. 한은 어찌할 수 없는 아픔, 그리하여 노래나 시로써만 해결되는 정서다.

시퍼렇게 흘러가는 강물을 바라보고 있는 꽃들의 시선과 함께하면서 선사는 감정을 표현하지 않는다. '오직 유唯'자만이 선사의 감회를 대변하는 듯하다. 무상無常을 깊이 체득한 선사의 마음은 왕조 대신에 남아 오직 강물의 흐름과 함께하고 있는 사찰과 한가지인 것이다. 올 가을엔 고란사에 가서 백제 멸망의 상징인 조룡대를 바라보며 백곡선사의 마음을 읽어보련다.

축공 스님을 보내며

送竺空師

사립문 항상 닫아걸고 조사의 관문關門 참구했거늘
이별의 순간 문득 선심禪心이 흐트러지누나
내일 아침이면 숲 아래 함께할 이 없으리니
가을비 쓸쓸히 내리고 낙엽만 온 산에 가득하리라

> 常 掩 巖 扉 究 祖 關
> 禪 心 忽 變 別 離 間
> 明 朝 林 下 無 相 伴
> 秋 雨 蕭 蕭 葉 滿 山

—취미수초 翠微守初 (1590~1668)

만남이 극히 드문 이들이 있다. 산속에서 홀로 수행하는 선승들이다. 취미선사도 그러한 분이었다. 홀로 수행하는데, 축공선사가 찾아와 합류했다. 두 사람은 여러 날을 함께 수행했고, 아침이면 함께 숲속을 포행布行했다. 그러다가 축공선사가 떠났다.

선사들은 이별할 때 무심無心할 것 같은데, 오히려 그렇지 않다. 생각해보라. 산속에서 수행하는 선사들은 자주 이별하지 않는다. 만남이 별로 없기 때문이다. 만남이 잦을수록 이별도 잦은 법이니 세간의 사람들은 날마다 이별하는 셈이다.

모처럼 도반이 찾아와 여러 날을 함께 수행하다가 어느 날 갑자기 떠난다. 이별의 아쉬움이란 더 큰 것이다.

이별은 미의 창조입니다.

이별의 미는 아침의 바탕 없는 황금과 밤의 올 없는 검은 비단과 죽음 없는 영원의 생명과 시들지 않는 하늘의 푸른 꽃에도 없습니다.

님이여 이별이 아니면 나는 눈물에서 죽었다가 웃음에서 다시 살아날 수가 없습니다. 오오 이별이여.

미는 이별의 창조입니다.

—만해용운卍海龍雲(1879~1944)〈이별은 미의 창조〉

문득 마음을 흔들 이별이 그립다. '그대'가 사라지면, 온 산의 나뭇잎이 우수수 떨어질 것 같은, 그런 이별! 취미선사가 이렇게 말씀하시는 듯하다. 수행자들은 무릇 그런 수행도반 한 명쯤은 있어야 하리라.

다시 해인사에 들어가며

再 入 海 印 寺

붉은 계수와 푸른 솔 어우러진 청량한 오솔길을
구름 뚫고 애오라지 나 홀로 지팡이 도반 삼아 가는데
산새들이 나그네 보고 재잘거리며 내려오누나
소가 나막신 끄는 내 발소리 기억하고 있음이네

丹 桂 蒼 松 峽 路 淸
穿 雲 聊 自 伴 藤 行
山 禽 見 客 提 提 下
慣 我 當 牛 曳 屐 聲

—몽암기영 夢庵箕穎 (17??~?)

해인사 입구 홍류동 계곡을 들어서는 마음 어찌 설레지 않으랴. 몽암선사도 그랬나보다. 처음으로 해인사 가는 길도 좋았겠지만, 두 번째 갈 때는 더욱 반갑다. 처음에는 서먹서먹하다가도 다시 만나면 이물없어지니까.

'구름 뚫고 간다'는 말을 오래 곱씹어본다. 물안개일 수도 있지만, 산골엔 구름이 살포시 내려와 있는 경우도 많다. 구름도 분위기를 살려주는 그 길에 어찌 혼자만이리. 그곳에는 바위와 나무와 풀과 이끼와 물소리와 벌레 소리와 토끼와 다람쥐, 그리고 그들이 뿜어내는 향기들이 함께한다.

'자연'은 하나의 신전, 거기 살아 있는 기둥들에서
이따금씩 어렴풋한 말소리 새어나오고
인간이 그곳 상징의 숲을 지나가면
숲은 정다운 시선으로 그를 지켜본다

밤처럼 그리고 빛처럼 끝없이 넓고
어둡고 깊은 통합 속에
긴 메아리 멀리서 어우러지듯
향기와 색채와 소리 서로 화답한다

어린애 살결처럼 싱싱하고

오보에처럼 부드럽고, 초원처럼 푸른 향기들이 있고
―또 다른, 썩었지만 기세등등한 풍요한 향기들이 있어

용연향, 사향, 안식향, 훈향처럼
무한한 것으로 확산되어
정신과 관능의 환희를 노래한다

―샤를 보들레르(Charles Baudelaire, 1821~1867)〈교감交感〉

그때 우리에게 필요한 것은 '자연과의 교감'이다. 현대시의 새 길을 연 시인 샤를 보들레르는 "자연은 하나의 신전"이라고 노래했는데, 불자들에게는 "자연은 하나의 법당法堂"이라고 들린다. 보들레르가 자연이 내뿜는 '향기와 색채와 소리' 속에서 위대한 신의 말씀을 듣듯이, 우리는 그 속에서 부처님의 가르침을 듣는다.

새들이 해인사를 다시 방문하는 몽암선사를 반기는 노래를 목청껏 불러준다. 새들이 정말 선사의 발소리를 기억하고 있었을까? 나도 다시 해인사에 가리라, 내 발소리를 기억하는 새들을 만나러.

불

火

누가 불의 공을 제대로 알아주랴
그 공이 시방의 만물에 미쳤어라
수인씨가 불을 피우지 않았더라면
고금에 얼마나 많은 이가 굶거나 얼어서 죽었겠는가

執 能 知 得 八 人 功
功 及 十 方 萬 類 中
若 匪 燧 皇 繩 鑽 力
古 今 飢 凍 死 無 窮

—월파태율 月波兌律 (1695~1775)

불[火]처럼 감사한 것이 또 있을까? 불이 있어서 우리는 음식을 익혀 먹게 되었고, 따뜻한 방에서 잠잘 수 있게 되었다. 불이 있어서 자동차도 만들어지고, 수많은 공장도 세워지고, 그 공장에서 생산되는 편리한 물건들을 우리는 손쉽게 누릴 수 있다

인도 사람들에게는 불은 신神이자, 인간을 신에게 연결시켜주는 매개체이기도 하다. 그들은 불을 숭배하기도 하고, 신과 합일을 꿈꾸며 신에게 불을 바치기도 한다.

불은 욕망이나 분노, 어리석음을 상징하기도 한다. 부처님께서는 불을 섬겼던 제자들과 함께 가야산 마루에 올라 "세상이 온통 욕망과 증오와 어리석음의 불로 타오르고 있다"고 말씀하셨다.

미국의 시인 로버트 프로스트(Robert Lee Frost, 1874~1963)는 그의 시 〈불과 얼음〉에서 불을 욕망의 상징으로, 얼음은 증오의 상징으로 보고, 세상은 불 아니면 얼음으로 망할 것이라 진단한다.

실제로 불은 우리들이 애써 모은 재산을 순식간에 잿더미로 만들기도 하고 아까운 생명을 한순간에 앗아가기도 하지만, 지금 이 순간 불에게 한없는 감사의 마음을 전해본다. 그러면 마음이 따뜻해지면서 세상의 모든 불이 광명의 불, 지혜의 불이 되리라.

석천암

題 石 泉 菴

땅은 복밭을 열어 이 땅과 함께 오래되었고
하늘은 덕의 집을 열어 저 하늘과 함께 오래되었네
첩첩 산봉우리가 읍揖하고 서서 천 번을 응하면
모든 물은 흐르고 흘러 기필코 만 리를 가네

　　地 闢 福 田 同 地 久
　　天 開 德 宇 共 天 長
　　羣 峯 揖 立 應 千 疊
　　衆 水 朝 流 必 萬 行

—해붕전령 海鵬展翎 (?~1826)

돌에서 샘물이 솟아나오는 암자, 석천암! 복덕이 얼마나 많이 쌓인 곳인가? 선사는 복덕이 많은 절에서 "땅은 복밭을 열어 이 땅과 함께 오래되었고 / 하늘은 덕의 집을 열어 저 하늘과 함께 오래되었네"라는 기가 막힌 명구를 길어 올렸다.

　산이 높거늘 어찌 산봉우리 이야기가 없을쏘냐, 골이 깊거늘 어찌 계곡물 이야기가 없을쏘냐. 첩첩 산봉우리가 겹겹이 둘러서 읍하고 섰다는 자연의 풍광과 더불어, 계곡물이 흐르고 흘러 만 리를 돌아돌아 바다로 간다는 자연의 순리가 능청맞을 정도로 매끄럽게 표현되었다.

　부처님의 가르침도 복밭을 열어젖힌 땅처럼 이 땅과 함께 오래되었고, 덕의 집을 열어젖힌 하늘처럼 저 하늘과 함께 오래되었다. 왜냐하면 부처님의 가르침은 부처님께서 '발명發明'하신 것이 아니라 '발견發見'하신 것이기 때문이다. 참선이란 부처님의 가르침이 자연이 우리에게 주는 축복과 한가지임을 깨치는 것일까?

　아뿔싸! 첩첩 산봉우리가 읍하고 서서 천 번을 응하듯이, 우리는 그렇게 부처님의 가르침을 읊조려야 하는지 모르겠다. 모든 물이 구절양장의 골짜기 따라 만 리를 굽이돌아 바다에 도달할 때, 그 축복을 알는지? 모른다고 할 수 없으나, 안다고도 할 수 없는 그 진리가 산봉우리 돌에서 끊임없이 솟아올라 만 리 길을 굽이돌아 쉬지 않고 바다로 흘러가고 있는데.

의선소사에게

示 義 禪 小 師

옷 한 벌 밥그릇 하나로
'조주의 문'을 드나들었네
천 개의 산의 눈을 다 밟고 나서야
돌아와 흰 구름에 누웠네

　　一 衣 又 一 鉢
　　出 入 趙 州 門
　　踏 盡 千 山 雪
　　歸 來 臥 白 雲

—벽송지엄 碧松智嚴 (1464~1534)

이 시를 읽으니 가슴이 뭉클해진다. 평생 수행에 전력을 기울인 선사의 '결기'가 느껴져서이다. 벽송선사는 출가 전 전쟁에 나아가 큰 공을 세웠으나, 그 혜택을 과감히 버리고 비교적 늦은 나이에 출가하였다. 그래선지 그의 시에도 남다르게 정진했음이 엿보인다.

소사小師는 수행력이 10년이 안 된 초학자를 말한다. 참선을 공부하는 초심자에게 벽송선사는 충고의 말을 하기보다는 단지 자신의 경험을 얘기한다. 1~2구는 자신이 그야말로 옷 한 벌 밥그릇 하나로 검소하게 참선 수행에 정진했음을 말하고 있고, 3~4구는 자신이 진리를 찾아 온 산천을 떠돈 후에야 비로소 쉬게 되었음을 말한다.

어떻게 살 것인가? 어떻게 수행할 것인가? 이 시 속에 답이 있다. 가진 것 없이 홀가분하게 수행에만 전념할 것이요, 한 곳에 안주하지 말고 진리를 찾아 바람처럼 돌아다녀볼 것이요, 온 산천을 다 다닌 후에야, 흰 구름에 누울 일이다.

'흰 구름에 눕는다'는 표현에 오래 마음이 간다. 도대체 흰 구름에 눕는다는 것은 어떤 것일까? 천 개의 산을 다 밟아본 후에야 그 의미가 와 닿을 수 있을까? 그래, 우선 천개의 산에 쌓인 눈을 모조리 밟아보는 거야. 그때는 '흰 구름에 눕는다'는 것이 무엇인지 알 수 있으리라. 그때는 나도 흰 구름 위에 누워보리라!

동명 東明

2010년 지홍 스님을 은사로 해인사에 출가하여 사미계를 받았으며, 2015년 중앙승가대를 졸업한 후 구족계를 받았다. 현재 중앙승가대 수행관장으로 재직하면서 광명시 금강정사에서 살고 있다.

1989년 계간〈문학과사회〉를 통해 시인으로 등단했다. 1994년 세계일보 신춘문예 문학평론 부문에 당선하여 시인이자 문학평론가로 20여 년 활동했다. 출가 전에 펴낸 시집으로《해가 지지 않는 쟁기질》《미리 이별을 노래하다》《나무 물고기》《고시원은 괜찮아요》《벼랑 위의 사랑》등이 있고, 기행산문집《인도신화기행》《나는 인도에서 붓다를 만났다》등이 있다. 1994년 제13회 김수영문학상을 수상했다.